GREEN HILLS
Gespräche mit der Königin der Herzen

Dietrich von Oppeln-Bronikowski

GREEN HILLS

Gespräche mit der Königin der Herzen

Ein Vermächtnis der Liebe für die Neue Welt

ch. falk-verlag

Herausgegeben von Christa Falk	Edited by CHRISTA FALK
Übersetzt aus dem Englischen von Dietrich von Oppeln	Editorial Assistance by S. P. Fuller of Wholistic World Vision

Originalausgabe
© by Ch.Falk-Verlag, Seeon 2000
  Ischl 11, D-83370 Seeon/Germany
  Telefon +49 08667 1413
  Telefax +49 08667 1417
  http://www.chfalk-verlag.de
  email@ch.falk-verlag.de

Umschlaggestaltung: Dietrich von Oppeln
Farbfotos innen: Christa Falk

Satz: Dietrich von Oppeln
Druck: Druckhaus Köthen

ISBN 3-89568-070-2
Printed in Germany

First Edition
© by Ch.Falk-Verlag, Seeon 2000
  Ischl 11, D-83370 Seeon/Germany
  Telefon +49 08667 1413
  Telefax +49 08667 1417
  http://www.chfalk-verlag.de
  email@ch.falk-verlag.de

Cover Art: Dietrich von Oppeln
Colour Photos inside: Christa Falk
Abbey Ground, Chalice Well, Tor
Typesetting: Dietrich von Oppeln
Printed by Druckhaus Köthen

ISBN 3-89568-070-2
Printed in Germany

Table of contents

Introduction		9
1	About Love	15
2	The Solar Eclipse on August '99	18
3	About Love and Pain	22
4	Motherhood	27
5	The Chinese Nightingale	32
6	About Time and the true Character of the Earth	36
7	„Be open for Surprises" - about the New Creation	39
8	„Be honest with each other"	46
9	„Trust Your Heart"	51
10	About Health	55
11	The true Magicians of England	65
12	About Animals, Plants, Minerals and the true Magic of Life	67
13	The Earthquake in Turkey	75
14	Man and Woman in the NEW Creation - The Power of true Love	83
15	About the Love between all Human Beings and all Nations	95

Inhaltsverzeichnis

Einleitung		9
1	Über die Liebe	15
2	Die Sonnenfinsternis vom August '99	18
3	Über die Liebe und den Schmerz	22
4	Mutterschaft	27
5	Die Chinesische Nachtigall	32
6	Über die Zeit und den wahren Charakter der Erde	36
7	„Seid offen für Überraschungen" - über die Neue Schöpfung	39
8	„Seid ehrlich zueinander"	46
9	„Vertraut eurem Herz"	51
10	Über Gesundheit	55
11	Englands wahre Magier	65
12	Von Tieren, Pflanzen, Steinen und der wahren Magie des Lebens	67
13	Das Erdbeben in der Türkei	75
14	Mann und Frau in der Neuen Schöpfung. Die Macht der wahren Liebe	83
15	Über die Liebe unter allen menschlichen Wesen und Nationen	95

16	„Drink the Water of Life!"	100	16	„Trinkt das Wasser des Lebens!"	100
17	The Science of the Future, the „Unknown" and the „Science of Miracles"	103	17	Die Wissenschaft der Zukunft, das „Unbekannte" und die „Wissenschaft der Wunder"	103
18	The Treasure Houses of the Weapons of Light and of the Spirit are opened	110	18	Die Schatzkammern der Waffen des Lichts und des Geistes sind geöffnet	110
19	How does one live, where Di is?	114	19	Wie lebt es sich dort, wo Di jetzt ist?	114
20	About Enlightenment, the Light Body of the Earth, the Holy Sites, the Return of the Mighty Dragon and the coming back in the Light	128	20	Über die Erleuchtung, den Lichtkörper der Erde, die Heiligen Plätze, die Wiederkehr des mächtigen Drachens und die Wiederkehr im Licht	128
21	Love and Truth will be victorious	140	21	Liebe und Wahrheit werden siegen	140
22	About the 31st of August	147	22	Zum 31. August	147
23	In the Name of Love - to be One with God	153	23	Im Namen der Liebe - Einssein mit Gott	153
Conclusion		159	Schluß		159

Introduction
July 27th '99

The first thing I would like to tell the people who love me is: I am still alive! I feel, I see - I am in touch with all those who love me and they need to KNOW it. Yes it is strange and challenging for many to believe it - that somebody who died still lives and still is IN the world and not outside it. And the truth is: I am not far away from you all. I am very close, I walk with you, I laugh with you, I cry with you - I am There. And it is strange: I see you, I feel you, I touch you and I see your smile, I see that you have felt it, but you do not believe what you hear and feel. And that is why I come through this "channel" because D*. hears me and believes (at least some of the time - she laughs) it is really me telling him these things.
On the other side, many people, even very normal people KNOW that they sometimes hear things in their mind and many have or had experiences of being in contact with those who have died - very often loved ones in their own family.
I am very, very eager to talk to you all. It is part of my mission - and if I had known it before I died, I would have prepared you -

*Dietrich = the author

Einleitung
27. Juli '99

All denen, die mich lieben, möchte ich zu allererst sagen: Ich lebe! Ich fühle, ich sehe - ich bin all denen nahe, die mich lieben, und ich möchte, daß ihr es wißt. Viele werden das sicher seltsam finden. Viele können es sicher nicht glauben, daß jemand, der gestorben ist, weiterlebt und immer noch IN der Welt ist und nicht irgendwo da draußen. Die Wahrheit ist: Ich bin gar nicht weit weg von euch. Ich bin euch sehr nahe. Ich bin an eurer Seite, wenn ihr irgendwo hingeht. Ich lache mit euch und ich weine mit euch - ich bin da. Es klingt vielleicht merkwürdig, aber ich fühle euch sogar, ich berühre euch und ich sehe euer Lächeln. Ich weiß, daß ihr das wahrgenommen habt, aber ihr glaubt nicht, was ihr gehört und gefühlt habt. Daher komme ich zu euch durch diesen „Kanal", weil D.* mich hört und (meistens) daran glaubt, daß ich es bin, die ihm diese Dinge sagt.
Viele Menschen, sogar ganz normale Menschen wissen, daß sie manchmal etwas innerlich hören. Viele hatten sogar schon die Erfahrung, daß sie mit denen, die gestorben sind, für eine Weile in Kontakt blieben - meist mit Menschen aus der eigenen Fami-

*Dietrich = der Autor

but I could not prepare you. My message to all of you is:
I LOVE YOU DEARLY AND I WANT TO STAY IN CONTACT. I WANT TO CONTINUE TALKING TO YOU.
There are so many things for you to know - especially where this world is going, what I see about the future of creation, what it means to live in the world in physical form, and what it means to die, and to live without a body. I want to encourage you all to live and to enjoy life, to dance through life and not to worry too much. I want to talk to you about life from my perspective, about love, about humanity and the beauty of men, women and children. I want to heal with my words, I want to open your eyes to the beauty which surrounds you and - I want to take your fear away, fear of God, fear of each other, fear of dying, fear of living. I want to be with all of you who were so much moved by my life and my death - I want to talk to you about GOD, who "he" really is! I want to talk to you about what I see for my beloved country England, but also about other countries, about the purpose of nature, about the purpose of love between humans and between loved ones. I want to talk to you about some crazinesses, about tragedies and cosmic events and what you can do and

lie und solchen, die sie sehr liebten.
Mir ist es sehr, sehr wichtig, mit euch allen zu sprechen. Es ist ein Teil meiner Mission. Wenn ich das schon zu meinen Lebzeiten gewußt hätte, hätte ich euch darauf vorbereitet. Aber ich konnte euch nicht darauf vorbereiten. Meine Botschaft an euch alle ist:
ICH LIEBE EUCH VON GANZEM HERZEN, UND ICH MÖCHTE MIT EUCH IN KONTAKT BLEIBEN. ICH MÖCHTE WEITERHIN MIT EUCH SPRECHEN.
Ich möchte mit euch über sovieles sprechen, besonders auch darüber, wohin es mit der Welt geht, was ich von der Zukunft der Schöpfung sehe, was es bedeutet, in der Welt zu leben, was es bedeutet, in einem Körper zu sein und was es bedeutet, zu sterben und ohne Körper zu leben. Ich möchte euch alle ermutigen, zu leben und sich am Leben zu freuen, das Leben zu tanzen und sich nicht soviele Sorgen zu machen. Ich möchte mit euch über das Leben aus meiner Sicht sprechen, über die Liebe, über die Menschheit und die Schönheit von Mann, Frau und Kindern. Ich möchte mit meinen Worten heilen, ich möchte eure Augen für die Schönheit öffnen, die euch umgibt. Ich möchte euch die Furcht nehmen, eure Furcht vor Gott, die

Introduction

prepare yourselves. I want to talk to you about other worlds and realities that I can look into and experience.

And also I want to give messages to my SONS and to the FRIENDS I had on Earth. I KNOW this is difficult, I KNOW they have difficulty in believing. Some friends I will address by name, some I can't. I just pray that Dietrich will trust in himself enough to write down what he hears. And sometimes he will fail to hear completely correctly - and then please forgive him. But I want to tell you: IT IS ME who is talking. I told you, Sarah and Christin during a summer night in Spain that when I die I will find a way to communicate.

I say it again: It's ME, It's ME, Diana. LET YOUR HEART SPEAK! LISTEN WITH YOUR HEART! If the words are not all correct, DO NOT check them with your mind, but receive them and check them with your HEART. I want to touch your heart and not your mind. What do you feel, when you read this? What did you feel IN YOUR HEART when you read the first blue booklet in "poor" English ("DIANA - There is still something I would like to tell you ...", also published by ch.falk-verlag). Many of you said that it has changed your

Einleitung

Furcht voreinander, die Furcht zu sterben und die Furcht zu leben.

Ich möchte mit euch allen sein, die ihr so bewegt wart von meinem Leben und meinem Tod. Ich möchte mit euch über GOTT sprechen, wer "er" wirklich ist! Ich möchte mit euch über mein geliebtes Land England sprechen, aber auch über andere Länder, über das Wesen der Natur und über das Wesen der Liebe, der Liebe zu anderen Menschen und der Liebe zwischen Liebenden. Ich möchte auch über „Verrücktheiten" sprechen, über Tragödien und kosmische Ereignisse und was ihr tun könnt, wie ihr euch vorbereiten könnt. Ich möchte euch von anderen Welten und Wirklichkeiten erzählen, in die ich hineinblicken und sie erfahren konnte. Ich möchte auch an meine SÖHNE und FREUNDE Botschaften schicken. Ich weiß, das ist schwierig. Ich weiß, daß sie Schwierigkeiten haben, an solche Botschaften zu glauben. Einige Freunde werde ich direkt mit Namen ansprechen, bei manchen kann ich das nicht tun. Ich bete darum, daß D. (der Autor) sich vertraut und niederschreibt, was er hört. Manchmal wird er nicht ganz korrekt hören - dann vergebt ihm bitte. Aber das möchte ich euch sagen: ICH BIN ES, die spricht. Dir, Sarah, und Dir, Christin, habe

life, it healed you.

Yes, I want to heal you, I want to touch you, I do not want to feed your mind with information. You have enough information!! I want to sit with you, dance with you, love and laugh with you, explore with you, dream with you. I want to be close to you - so, TRUST, trust your heart. Can you love me enough to trust yourself?

To all my "Fans": I am always with you, and you can feel it. You feel it when you see the movies of my life and death, when you show and exchange pictures, when you read letters, when you decorate your room with roses and lilies, when you hear the music dedicated to me. Some of you do not and did not like what the media said about me - but there was nobody who could correct the picture. Some of you knew and know that I was striving for Truth and purity, yet you don't find the "real me" any more amongst all those lies and half truths. So some of you have become very sad - sad that I am not there anymore - that I left you and that now there is nobody left to tell you the truth about me.

Now this is the way I have chosen to come to tell you the truth about myself - about me in my lifetime and me, here in the "other" world which, is not so "other", just diffe-

ich in einer Sommernacht in Spanien gesagt, daß, wann immer ich sterben sollte, ich einen Weg finden würde, mit euch zu sprechen.

Ich sage es noch einmal: ICH bin es, ja ICH bin es, Diana. LASST EUER HERZ SPRECHEN! HÖRT MIT EUREM HERZEN! Wenn die Worte hier nicht immer ganz richtig klingen sollten, prüft sie nicht mit eurem Verstand, sondern empfangt und prüft sie mit eurem HERZEN. Ich möchte euer Herz berühren und nicht euren Verstand. Was fühlt ihr, wenn ihr das hier lest? Was habt ihr IN EUREM HERZEN gefühlt, als ihr dieses erste blaue Büchlein gelesen habt („DIANA - ich möchte euch so gerne noch etwas sagen ..." ebenfalls erschienen im ch.falk-verlag). Viele von euch sagten, es habe ihr Leben verändert, es heilte euch.

Ja, ich möchte euch heilen, ich möchte euch berühren. Ich möchte euren Verstand nicht mit noch mehr Informationen füttern. Ihr habt genug Informationen!! Ich möchte mit euch zusammensitzen, ich möchte mit euch tanzen, ich möchte mit euch lieben und lachen, mit euch Dinge erforschen, mit euch träumen. Ich möchte euch nahe sein - also VERTRAUT, vertraut eurem Herzen.

rent. To many of you I would like to speak to personally, I would love to answer your questions, to embrace you, ... to kiss your tears away.

I love you, I love you so much. I pray that you might trust, that this is one way, a beautiful way, in which I can come to you. In this way I can also continue my mission and involve myself in human affairs and the course of the world. And I want to do it - even though there are not many doors open, yet.

I would like to encourage all of you! Go on, do not let yourself to be discouraged. Stay strong. The doors WILL open - mightily.

Könnt ihr mich genug lieben, daß ihr eurem Herzen vertraut?

An alle meine „Fans": Ich bin immer mit euch, und ihr könnt es fühlen. Ihr fühlt es, wenn ihr Filme seht über mein Leben und meinen Tod, wenn ihr euch gegenseitig Bilder von mir zeigt und sie austauscht, wenn ihr Briefe lest, wenn ihr eure Räume mit Rosen und Lilien dekoriert, wenn ihr die Musik hört, die mir gewidmet ist. Einige von euch mögen und mochten es gar nicht, was die Presse über mich sagte - aber es gab niemanden, der das verzerrte Bild wieder korrigierte. Einige von euch wissen, daß ich mich immer für Wahrheit und Klarheit einsetzte, und ihr habt mich zwischen all den Lügen und Halbwahrheiten gar nicht mehr wiedergefunden. Einige von euch wurden sehr traurig, traurig über die Tatsache, daß ich nicht mehr bei euch bin, daß ich euch verlassen habe und es niemanden mehr gibt, der euch die Wahrheit über mich erzählt.

Nun mit diesem Buch habe ich einen Weg gewählt, auf dem ich euch begegnen und die Wahrheit über mich sagen kann - über mich während ich lebte und über mich hier in der „anderen" Welt, die gar nicht so „anders" ist, nur etwas verschieden von eurer. Ich würde viele von euch so gerne

persönlich sprechen, ich würde so gerne eure Fragen direkt beantworten, euch umarmen ... eure Tränen wegküssen.

Ich liebe euch, ich liebe euch so tief. Ich bete darum, daß ihr vertrauen könnt, daß dies ein Weg ist, ein sehr schöner Weg, auf dem ich zu euch kommen kann. Auf diese Weise kann ich auch meine Mission fortführen und an der Entwicklung der Menschheit und am Lauf der Welt teilnehmen. Das möchte ich so gerne, auch wenn dafür noch nicht soviele Türen offenstehen.

Ich möchte euch alle ermutigen! Bleibt auf eurem Weg, laßt euch nicht entmutigen. Bleibt stark. Die Tore werden sich öffnen - mit Macht.

About Love
July 28th '99

THERE IS SO MUCH BEAUTY IN ALL OF YOU - AND TRULY YOU ARE MADE FROM THE STUFF OF ALL CREATION --- LOVE. I WANT TO TALK ABOUT LOVE.
Love is the substance of your thoughts, of your feelings, of your innermost being. Pain comes from denying this love. This love holds and forgives, this love has good Thoughts, Compassion, Goodness and Integrity. When you resist this love or do not live it, you get sick, become hopeless. I do not talk about love between a man and a woman only, I talk about the love in this universe, in all creation, on the Earth, between all aspects of creation: Nature and Humans.
Your heart is wounded. Your heart is weak. Your heart is sad - and so your heart is sick and so your body too. This is why there is sickness in the world. It is a paradox: wars, uproar and strife try to restore love. When I was fighting with Charles and we had arguments - basically what we were attempting was to restore our love --- and

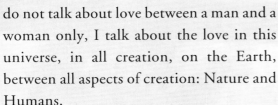

Über die Liebe
28. Juli '99

SOVIEL SCHÖNHEIT IST IN EUCH ALLEN - UND IHR SEID WAHRLICH AUS DEM STOFF GEMACHT, AUS DEM DIE SCHÖPFUNG BESTEHT — AUS LIEBE. ICH MÖCHTE MIT EUCH ÜBER DIE LIEBE SPRECHEN.
Liebe ist die Substanz eurer Gedanken, eurer Gefühle, eures tiefsten Inneren. Wenn man diese Liebe verleugnet, stellt sich Schmerz ein. Diese Liebe hält, diese Liebe vergibt, diese Liebe hat gute Gedanken, diese Liebe hat Mitgefühl, Güte und Integrität. Wenn du dich dieser Liebe widersetzt oder sie nicht lebst, wirst du krank, verlierst du jede Hoffnung. Ich rede hier nicht nur von der Liebe zwischen Mann und Frau, sondern ich spreche von der universalen Liebe, der Liebe in der Schöpfung, auf der Erde, der Liebe zwischen allen Aspekten der Schöpfung: Natur und Mensch.
Euer Herz ist verwundet. Euer Herz ist schwach. Euer Herz ist traurig - und daher ist euer Herz und euer Körper krank, und deshalb gibt es Krankheit in der Welt. Es ist ein solches Paradox: Krieg, Aufruhr und

we did not know how to do it. And there were very few who understood.

I wanted to restore the things I have seen in him, the feelings I had towards him, the admiration of his beauty and his godliness - I had seen it once and I wanted to have it back.

Once I was flying over his soul like an eagle and I saw the beauty of this land - and I felt so free, so close to God.

If you love each other and you give to one another from the soul than you bring each other closer to God - this is the purpose of all love.

Love is there to celebrate life.
Love is vulnerable.
Love wants to raise her voice.
Love wants to heal.
Love wants to restore herself.
Love is the greatest power of the universe - don't forget this.

If you just would love more - if you would let go of your fears and love more, If you would just love more without wanting to get something back, just love more, just playing the music of love, dancing the song of love - you would not need to mourn over your losses. Love always creates solutions because love IS the solution. Love is a feeling and an attitude. It is an attitude and it is

Streitigkeiten wollen die Liebe wiederherstellen. Immer wenn ich mit Charles stritt und wir uns böse Worte an den Kopf warfen, war was wir wirklich versuchten, irgendwie unsere Liebe wiederherzustellen. Wir wußten nicht, wie es (anders) gehen sollte. Es gab wenige, die das verstanden. Ich wollte immer dieses Eine in ihm wiederherstellen, das, was ich zu Anfang in ihm gesehen hatte, ich wollte dieses Gefühl (zu ihm) erneuern und meine Bewunderung seiner Schönheit und seiner Göttlichkeit. Ich hatte es einmal in ihm entdeckt, und ich wollte es wiederhaben.

Irgendwann einmal bin ich über seine Seele hinweggeflogen wie ein Adler, und ich sah die Schönheit dieses Landes - und ich fühlte mich so frei und so nahe bei Gott.

Wenn ihr euch liebt und euch an eurer Seele teilhaben lasst, dann bringt ihr euch gegenseitig näher zu Gott - das ist der Sinn einer jeden Liebe.

Liebe ist da, um das Leben zu feiern.
Liebe ist verletzlich.
Liebe möchte ihre Stimme erheben.
Liebe möchte heilen.
Liebe möchte sich selbst erneuern.
Liebe ist die größte Kraft im Universum - vergesst das nicht.

Wenn ihr nur mehr lieben würdet, wenn

action. Every morning you can tell yourself: I will be loving today, it does not matter how I feel, or what I think I have done wrong or what the problems are. People, most people, react positively to a loving smile (even on the phone) - try it!

ihr nur eure Ängste aufgeben und noch mehr lieben könntet! Wenn ihr noch mehr lieben könntet, ohne etwas zurückzufordern, einfach nur mehr lieben. Einfach nur die Musik der Liebe spielen, das Lied der Liebe tanzen - dann würde euer Klagen über Versäumtes verstummen. Liebe schafft immer neue Lösungen, weil Liebe die Lösung IST. Liebe ist ein Gefühl und eine Haltung. Sie ist eine Haltung und sie ist Tun. Jeden Morgen kannst du zu dir selbst sagen: Heute will ich liebevoll sein, unabhängig davon, wie ich mich fühle, unabhängig davon, was ich falsch gemacht haben könnte, oder was die Probleme sind. Die meisten Menschen reagieren positiv auf ein Lächeln - sogar am Telefon. Versuch es!

The Solar Eclipse on August '99
July 28th '99

The focus of the total solar eclipse on August is LOVE and transformation. To transform your love, from the kind of love that wants to get something back - egotistical love, love of greed, of strife, of false pity, superficial love, hopeless love, love of death - to transform these emotions into REAL LOVE. The moon casts her shadow. Shadow stands for the shadow world, the world which whispers, the world which shows you, who you are, the subconscious, the unconscious. This eclipse will lead you into your own shadow world, and there you can find your beauty and your secrets. You see your truth. You see the truth about your love and what you connect with love.

The shadow world lets your darkness surface, things you need to shed light on. So this IS a very truthful moment, where you can open your heart and see into the depth of your being. Now this shadowy world is also a world of power, which is shaken up by these two or three minutes of darkness. And you can make a clear decision where your power is to be directed and where you want to experience your power - if you want to

Die Sonnenfinsternis vom August '99
28.Juli 99

Das Thema der Sonnenfinsternis im August ist LIEBE und Transformation. Jene Liebe zu transformieren, die immer etwas zurückfordert, die egoistische Liebe, die Liebe der Gier und des Streitens, des falschen Mitleids, die oberflächliche Liebe, die hoffnungslose Liebe, die Liebe zum Tod - diese „Liebe" in LIEBE zu transformieren. Der Mond wirft seinen Schatten. Der Schatten steht für die Schattenwelt, die flüsternde Welt, die Welt, die dir zeigt, wer du bist - das Unterbewußte und das Unbewußte. Diese Sonnenfinsternis führt dich in deine eigene Schattenwelt. Dort kannst du deine Schönheit sehen und deine Geheimnisse - deine Wahrheit. Du siehst die Wahrheit über deine Liebe und was du mit Liebe verbindest.

Die Schattenwelt läßt deine Dunkelheit hervorkommen, Dinge, auf die du ein Licht werfen willst. Daher ist dies ein Augenblick der Wahrheit, in dem du dein Herz ausbreitest und in die Tiefe deines Wesens blickst. Nun, diese Schattenwelt ist auch eine Welt der Kraft, die in diesen zwei, drei Minuten der Dunkelheit aufgerüttelt wird. Und du

experience it in LOVE or in strife, in SUCCESS or in failure, in HOPE or in desperation.

The eclipse shakes all levels of consciousness and is a wonderful time to let go of old beliefs and behaviour. It connects your outer reality with your inner reality, because your mind cannot control anymore, because it "goes to sleep", and you can see behind your facade for a moment. So you can change whole paradigms, you can put powerful wishes and visions into this event. The world comes to a halt for a moment and you are asked: What do you want? Which changes in your life do you want? What do you desire the most.

Be prepared to infuse these ideas into this event. Use it as a powerful tool to create a total new reality for yourselves.

And do not forget also to pray for the world, putting powerful visions into the sun, which is "coming back".

The solar eclipse will shake you - like an earthquake. That is why solar eclipses and earthquakes are often connected - they were connected when Jesus died on the cross. He died after he said: my God, why have you forsaken me. He was in deepest pain. He also said: I give my spirit into your hands. In the solar eclipse you can give your spirit

kannst klar entscheiden, wohin deine Macht führt und wo du sie erleben willst - ob du sie in LIEBE oder im Kampf erleben willst, in ERFOLG oder im Mißerfolg, in HOFFNUNG oder in Verzweiflung.

Die Sonnenfinsternis erschüttert alle Ebenen des Bewußtseins, und es ist eine wundervolle Gelegenheit, alte Glaubenssätze und alte Grundhaltungen gehen zu lassen. Sie verbindet deine äußere mit deiner inneren Realität, weil dein Kopf nicht mehr kontrollieren kann, weil er sich „schlafen" legt. Und so kannst du für einen Augenblick hinter die Fassade blicken. Auf diese Weise kannst du ganze Paradigmen ändern und machtvolle Wünsche und Visionen in dieses Ereignis einbringen. Die Welt hält für einen Moment ihren Lauf an und du wirst gefragt: Was willst du? Welche Veränderungen in deinem Leben möchtest du? Was ist deine größte Sehnsucht?

Bereite dich darauf vor, dies alles in dieses Ereignis hineinzulegen. Benutze es als ein kraftvolles Werkzeug, um dir eine ganz neue Realität zu schaffen. Vergiß nicht, für die Welt zu beten, und lege machtvolle Visionen in die Sonne, die „zurückkommt".

Die Sonnenfinsternis rüttelt dich auf wie ein Erdbeben. Deshalb sind Sonnenfinsternisse und Erdbeben oft miteinander ver-

into Gods' hands - and then not really die, but die to your old body, your old being, your old beliefs, old thoughts, old attitudes, old sicknesses - everything, which is old you can release and give into His hands. The wall shakes, your wall shakes and the light breaks through, the light of resurrection, of ascendance and transcendence. And when the sun comes back you are reborn.

I always liked phenomena, strong phenomena of nature. I loved high waves (once I nearly drowned), I liked storms, thunderstorms, and heavy rain. I liked to run in the rain and get totally wet through- also when I did white river rafting and swam in wild waters. It made me alive and cleansed me, it refreshed my spirit, refreshed my soul. I loved "to sing in the rain" and I danced in it and laughed, drinking the raindrops falling into my mouth. This solar eclipse is a nature phenomena, which can cleanse and refresh you and cleanse and refresh your world around you. It is a gift from God, to come closer to "Him", to give yourself into His/Her/Their hands. Receive this gift! Use it wisely.

bunden - sie waren verbunden, als Jesus am Kreuz starb. Er starb, nachdem er sagte: Mein Gott, mein Gott, warum hast du mich verlassen. Er war in solch tiefem Schmerz. Aber er sagte auch: Ich lege meinen Geist in deine Hände. In der Sonnenfinsternis kannst du deinen Geist in Gottes Hände legen -du stirbst dann nicht wirklich, aber dein alter Körper stirbt, dein früheres Sein, deine alten Überzeugungen, deine alten Gedanken, deine frühere Haltung und deine alten Krankheiten - alles das, was alt ist, kannst du aufgeben, in Seine Hände legen. Die Mauer schwankt, deine Mauer schwankt, und das Licht bricht hindurch, das Licht der Auferstehung, das Licht des Aufsteigens und der Transzendenz. Sobald die Sonne zurückkehrt, bist du wiedergeboren.

Ich liebte solche Erscheinungen, machtvolle Naturerscheinungen, immer sehr. Ich liebte die hohen Wellen (einmal wäre ich fast ertrunken), ich liebte den Sturm, Gewitter, starken Regen. Ich liebte es, durch den Regen zu laufen und völlig durchnäßt zu werden - auch wenn ich Wildwasserfahrten machte oder in Wildbächen schwamm. Es machte mich lebendig, es reinigte mich, es erneuerte meinen Geist

und meine Seele. Ich habe so gerne „im Regen gesungen", ich tanzte im Regen und lachte. Ich trank die Regentropfen, die in meinen Mund fielen. Diese Sonnenfinsternis ist ein Naturereignis, das dich und deine Welt reinigen und erfrischen kann. Es ist ein Geschenk Gottes, um näher zu „ihm" zu kommen, dich in seine/ihre Hände zu geben. Empfange dieses Geschenk! Gehe weise damit um.

Übrigens: Du kannst deine ganz eigene Sonnenfinsternis haben, wann immer du es wünschst. Du mußt nicht auf die nächste warten.

About Love and Pain
July 30th '99

Most people think pain is a necessary factor in life, a factor in growth. When I was alive, I thought so too. This was part of my belief that love and pain are closely connected. When I was a child I suffered a lot when somebody left, even when somebody just left the room - especially when this happened suddenly and I did not know why this beloved person did that. Even if this person was somebody I did not know before - it could happen that I fell in love with them while playing - I just laughed and played with them and then they suddenly disappeared right in the middle of our game. This I experienced as deep pain.

In our games I had developed a love for this person, who was close and then suddenly disappeared. Later I found out that people can "disappear" and still be in the room. They just leave the relationship by saying "good bye" in the middle of togetherness, in the middle of love. They might still be there in body form but they themselves have disappeared.

This was always deeply painful for me. I felt that this person had died and something in me died too, painfully. I felt the loss. I felt

a kind of hollowness, I became dizzy, my stomach started to hurt, I wanted to scream, and sometimes I did - but the face, which had been full of life and love suddenly was cold and absent. This was terrible.

Later I discovered that this person was apparently not able to handle this closeness to me, because I was wild in my playing, excited in ecstasy. (This I enjoyed so much with my sons - and they loved it too.). I looked for the guilty one, and that one was me. I obviously loved too much, and because I had connected Love and life, I apparently "lived" too much. The more I loved, the more of this pain came into my life and - fear. Fear of loss. Fear of loosing.

During my time with Charles, I experienced a lot of pain through the fear of loosing him. Not loosing the marriage, but to loose HIM: he whom I knew so well. And at one point in my life I was always in fear that I would loose those very close to me. I expected that I would be left at some point - because I had experienced it so often in the past.

This was not so with my sons. Nor was it so, strangely enough, with my friends in the media and the people I had visited on my tours to Bosnia and India. They could stand "closeness". But those whom I loved with passion, from them I received pain.

da, aber sie selbst sind verschwunden.

Das war für mich immer ein tiefer Schmerz. Ich hatte das Gefühl, daß dieser Mensch starb, und ich starb mit ihm, schmerzvoll. Ich fühlte den Verlust, eine Art Leere, mir wurde schwindlig, mein Bauch fing an, weh zu tun, ich wollte schreien, und manchmal tat ich das auch - aber dieses Gesicht, das eben noch voller Liebe und Leben war, war plötzlich kalt und abwesend. Das war schrecklich.

Später fand ich heraus, daß diese Person die Nähe zu mir offensichtlich nicht akzeptieren konnte - weil ich so wild in meinem Spielen war, so voller Hingabe und Begeisterung (ich liebte das so sehr mit meinen Söhnen, und sie liebten es auch). Dann suchte ich herauszufinden, wer daran schuld war. Schuld war ich.

Offensichtlich liebte ich zu viel. Und weil ich Liebe mit Leben verband, lebte ich wohl auch zu viel. Je mehr ich liebte, desto mehr kam dieser Schmerz in mein Leben und - Angst. Die Angst vor Verlust. Die Angst, zu verlieren.

In der Zeit mit Charles erlebte ich viel Schmerz in Verbindung mit der Angst, ihn zu verlieren. Nicht die Ehe mit ihm, aber IHN zu verlieren, ihn, den ich so gut kannte. An einem Punkt in meinem Leben hatte

My love with Dodi healed me of that - he was there all the time, ESPECIALLY when we were close.

Many of you expect pain and fear when you love. The whole world expects pain and fear when they love. Many fights between people, partners, but also between nations, are started because they don't know how to love without loosing.

Right now there is a stream of love going around the world - God looks at the world with so much love, with so much longing, with so much desire. And so many start to get cold, start to fear, start to fight. It is only because of your anxiety that love may fail. When a man rapes a woman he thinks he cannot deserve love, when soldiers use their weapons, when husbands hit their wives, non of them believe that they deserve love. This is how they try to cover the deep hurt in themselves - it is a response to their deepest pain - to hurt others.

"I hurt you, so I do not feel my pain."

When children are abused - in whatever form - they are abused by people who are in deep pain- so deep that they MUST do something to innocent beings so that they can experience the manifestation of what they have experienced inside. This is all very tragic and very sad.

ich immer Angst, wenn ich jemandem sehr nahe war, Angst, ihn oder sie zu verlieren. Ich erwartete geradezu, daß ich eines Tages verlassen würde -ich hatte das so oft erlebt. Mit meinen Söhnen war das nicht so. Seltsamerweise war es auch nicht so mit meinen Freunden in den Medien oder mit Menschen, die ich auf meinen Reisen traf, in Bosnien, in Indien. Sie konnten Nähe aushalten, aber gerade die, die ich leidenschaftlich liebte, haben mir Schmerzen bereitet. Meine Liebe zu Dodi hat mich hiervon geheilt. Er war immer da, besonders dann, wenn wir uns nahe waren. Viele von euch erwarten Schmerz und Furcht, wenn ihr liebt. Die ganze Welt erwartet Schmerz und Angst, wenn es um Liebe geht. Viele Kämpfe zwischen Menschen, zwischen Partnern, auch zwischen Völkern, beginnen, weil sie nicht wissen, wie sie lieben sollen, ohne zu verlieren.

Gerade jetzt, in diesen Zeiten, fließt ein Strom von Liebe um die Welt. Gott schaut die Welt mit soviel Liebe an, mit soviel Sehnsucht, mit solch einem Verlangen. Und soviele beginnen gerade dann kalt zu werden, sich zu ängstigen, zu kämpfen. Alles das aus der Furcht heraus, daß Liebe scheitert. Wenn ein Mann eine Frau vergewaltigt, denkt er, daß er keine Liebe verdient,

I say it again: ALL people strive for LOVE, all people desire to live in the LOVE. When a baby comes to this Earth the ONLY thing it can "think" is: Will I be able to love and be loved?

And very often this is the first shock, sometimes in the first minutes after birth: There is nobody who loves me and nobody to love. This is the first "abuse" and this is the first most deeply ingrained belief about the world: there is nobody to love and be loved by.

It is such a blessing if a baby can look into the eyes of his or her mother and see her presence there, her smile, her love connected with realness - a mum who is really there, right after birth. Every mother should strive for this first look into her babies eyes - it is so important - to tell her baby: I am here, I am here.

Yes, love and pain is connected in many, many people - and this is, why they hurt each other so much when they love. What is the remedy then, what can heal this pain, this expectation of loss?

In my lifetime, I sometimes thought: Only death can heal it. I often thought of leaving - much more often actually than people might have thought. I had the idea that death will heal me - and it is true in many

wenn Soldaten ihre Waffen einsetzen, wenn Ehemänner ihre Frauen schlagen, dann glauben sie nicht daran, daß sie Liebe verdienen. Auf diese Weise versuchen sie, den tiefen Schmerz in ihnen zu überdecken, und ihre Antwort auf diesen tiefen Schmerz in ihnen ist, andere zu verletzen.

„Ich tue dir weh, damit ich meinen Schmerz nicht spüre."

Wenn Kinder mißbraucht werden - in welcher Form auch immer - werden sie von Menschen mißbraucht, die in tiefstem Schmerz sind, so tief, daß sie sich an Unschuldigen vergehen müssen, damit sie da draußen sehen, was sie innerlich erlebt haben. Das ist sehr tragisch und sehr traurig.

Ich sage es noch einmal: Alle Menschen kämpfen um Liebe, alle Menschen sehnen sich danach, in der Liebe zu leben. Wenn ein Kind auf diese Erde kommt, ist das Einzige, an was es „denken" kann: Werde ich in der Lage sein, zu lieben und geliebt zu werden?

Und das ist sehr häufig der erste Schock, manchmal in den ersten Minuten nach der Geburt: Da ist niemand, der mich liebt, und niemand zu lieben. Das ist der erste „Mißbrauch", und das ist die erste so tief eingegrabene Überzeugung über die Welt: Es gibt niemanden zu lieben und nieman-

ways: death does heal.
But LIFE heals even more.

den, der mich liebt.
Es ist so ein Segen, wenn ein Baby in die Augen seiner Mutter schaut und dort sieht, daß sie gegenwärtig ist, daß sie lächelt, daß ihre Liebe wirklich ist - eine Mutter, die wirklich da ist, gleich nach der Geburt. Jede Mutter sollte um diesen ersten Blick in die Augen ihres Kindes kämpfen. Es ist so wichtig, dem Baby zu verstehen zu geben: Ich bin hier, ich bin hier.
Ja, viele Menschen verbinden Liebe und Schmerz - und das ist der Grund, warum sie sich gegenseitig weh tun, wenn sie lieben. Was ist dann das Heilmittel? Was kann diesen Schmerz, diese Erwartung von Verlust, heilen?
Während meines Lebens dachte ich oft: nur der Tod kann das heilen. Oft dachte ich daran, einfach zu gehen - viel öfter, als die Leute glaubten. Aber LEBEN heilt soviel besser. Leben ist das Heilmittel. Das Leben hat alles, was du brauchst, um lieben zu können. Du mußt dich aber entschieden darauf ausrichten, die Herausforderungen des Lebens anzunehmen und demütig genug zu sein, zu glauben, daß sich alles letztendlich zum Guten wendet. Arbeite daran, zu vergeben und Vergebung zu erhalten und für das Geschenk des Lebens dankbar zu sein.

Motherhood
August 3rd '99

Even here where we are not female or male in that sense, we feel as such, we approach that consciousness. And what was true in my lifetime(s) it is even more true here - I feel as a mother. I feel the pains of a mother and the joy of a mother. And here I am also so much connected with the mystery of motherhood. Mothers understand creation. They understand the growing of something so precious that they cry and laugh with gratitude and deepest love, in ecstasy and wonder.

Sometimes, when I had one of my children in my belly I stood out there on the balcony, above were the stars, below me the park, the sleeping country - and I cried hot tears of thankfulness. I had not only William in my tummy, I had the whole world there in my tummy. I felt the world growing and it was such a sweet feeling, it connected me so deeply to God, to all creation, to everything. I felt like a goddess, and I felt like Mary, the mother of Jesus. I felt this god given child in my womb and I felt the wonder and the miracle of a growing life. How much I loved those evening hours -and from time to time (when I was alone) I put music on and I

Mutterschaft
3. August '99

Hier, wo wir jetzt sind, gibt es nicht weiblich oder männlich im eigentlichen Sinne - aber wir fühlen uns so, und wir sind diesem Bewußtsein nahe. Und was zu meinen Lebzeiten wahr war, ist sogar noch wahrer hier - ich fühle mich als Mutter. Ich fühle die Schmerzen einer Mutter und die Freuden einer Mutter. Ich bin auch hier so sehr mit dem Mysterium der Mutterschaft verbunden. Mütter verstehen die Schöpfung. Sie verstehen das Wachsen von etwas, das so kostbar ist, so daß sie weinen und lachen aus Dankbarkeit und tiefster Liebe, aus jubelnder Freude und dem Gefühl für das Wunder.

Manchmal, wenn ich eins meiner Kinder in meinem Bauch trug, stand ich dort auf dem Balkon - über mir die Sterne, unter mir der Park und das schlafende Land - und ich weinte heiße Tränen der Dankbarkeit. Ich hatte nicht nur William in meinem Bauch, ich hatte die ganze Welt da in meinem Bauch. Ich fühlte, wie die Welt wuchs, und es war so ein herrliches Gefühl, ich war so tief mit Gott verbunden, mit der ganzen Schöpfung, mit allem. Ich fühlte mich wie eine Göttin, und ich fühlte mich wie Maria,

danced to the music „Children of the world"
or „Voices of light" or a Pavarotti song or a
song by Elton. Sometimes even a Gregorian
chant or my beloved Scottish and Irish folk
music, a Jewish Sabbath Song or a sweet
gypsy melody, or a Mozart Piano Concerto.

It healed my broken heart - there was my
inner relationship which healed me and my
wounded „outer" relationships to the
outside. Very seldom was my husband with
me in those hours. Only few men, so it
seems, want to open themselves to this
mystery - and it is the task of a pregnant
mother gently to let her partner or husband
participate in this miracle. It truly can renew
a love, a relationship - and it can renew their
relationship with the world. The mystery of
creation - you can celebrate it everywhere.
Every tulip which opens her blossom is a
birth, every morning creation unfolds to a
new day, a day is born - if you could just
celebrate each day for the gift that it is! In
my lifetime I was sometimes so disappointed
with life that I thought I could not enjoy it
anymore. I think this disappointment had
already started when I came into this world
- I had different expectations. I thought the
Earth would be in the condition I was
dreaming her, and I forgot that I came to

die Mutter Jesu. Ich fühlte dieses gott-
gegebene Kind in meinem Schoß, und ich
fühlte das Wunder und den Zauber eines
wachsenden Lebens. Wie sehr liebte ich
diese Abendstunden - und manchmal, wenn
ich alleine war, machte ich Musik an und
tanzte zu „Children of the world" oder zu
„Voices of Light" oder zu einem Lied von
Pavarotti oder Elton. Manchmal sogar zu
Gregorianischen Gesängen, zu meiner geliebten schottischen und irischen Volks-
musik, einem jüdischen Sabbathlied, einer
lustigen Zigeunermelodie oder einem Kla-
vierkonzert von Mozart.

Es heilte mein gebrochenes Herz - da war
diese Verbindung von innen, die meine
verwundeten Beziehungen im Außen heilte. Sehr selten war mein Mann in diesen
Stunden bei mir. Nur wenige Männer - so
scheint es - wollen sich diesem Mysterium
öffnen. Das ist die Aufgabe einer werden-
den Mutter, ihren Partner oder Ehemann
auf sanfte Weise an diesem Wunder teilhaben zu lassen. Es kann eine Liebe, eine
Beziehung wahrhaft erneuern - und es kann
die Beziehung zur Welt erneuern. Das
Mysterium der Schöpfung - du kannst es
überall feiern. Jede Tulpe, die ihre Blüte
öffnet, ist eine Geburt, jeden Morgen entfaltet sich die Schöpfung zu einem neuen

change the world into the world of my dreams. I wanted to FIND the world I had dreamt of, and I found a world, where people are mainly in pain and misery. And still there were these times of beauty and ecstasy - times when I thought, yes, this is the world of my dreams.

Sometimes I was able to change the tears of hopelessness into tears of love and forgiveness. But I always found myself on the brink between hope and hopelessness - because of a deep disappointment, very often also of myself. That I have not managed to love enough, to give enough and to see the response in the people I love. It was hard for me to find myself in a world where people thought and felt very different to me. I asked myself: Do they not have the same dream about the world that I have? And at a very shocking moment I realised: No. This shook me very deeply - and that had already started when I was a child. I could not understand coldness and sarcasm - and later I found out that cold and sarcastic people have very deep conflicts with their souls - their souls hurt so much that they need to behave in this way.

It dawned on me that the whole world suffers from „lost dreams", from disappointments of the soul - and this was

Tag, ein Tag wird geboren. Wenn ihr nur jeden Tag feiern könntet für das, was er ist, ein Geschenk! Zu meinen Lebzeiten war ich manchmal so vom Leben enttäuscht, daß ich dachte, ich könnte mich überhaupt nie mehr daran erfreuen. Ich denke, diese Enttäuschung begann schon, als ich in diese Welt kam. Ich hatte andere Erwartungen. Ich dachte, die Erde sei in dem Zustand, wie ich sie erträumt hatte. Ich hatte ganz vergessen, daß ich ja in die Welt kommen wollte, um sie in die Welt meiner Träume zu verwandeln. Ich wollte eine mir erträumte Welt vorfinden, und was ich fand, war eine Welt, in der die Menschen hauptsächlich in Schmerz und Elend lebten. Und doch waren da immer wieder diese Zeiten von Schönheit und Jubel - und dann dachte ich bei mir, ja, das ist die Welt meiner Träume.

Dann und wann war ich in der Lage, Tränen der Hoffnungslosigkeit in Tränen der Liebe und Vergebung zu verwandeln. Aber immer wieder fand ich mich auf einer Gratwanderung zwischen Hoffnung und Hoffnungslosigkeit, weil ich so tief enttäuscht war, nicht selten von mir selbst. Enttäuscht, daß ich nicht in der Lage war, genug zu lieben, genug zu geben und eine Reaktion darauf bei jenen zu sehen, die ich liebte. Es war sehr hart für mich, mich in einer Welt

when I felt a feeling so deep so strong - it was compassion. I wanted to show people that dreams are possible - millions saw my wedding and they were deeply touched by my marriage - it may not have been very conscious then but I wanted to show people what love can do, that dreams can come true.

And then - so I felt - I failed and my dream shattered into pieces. Then I wanted to show people a Diana, who still smiles, who still loves - and then I showed people Diana, the mother. The mother not only of my children, but also the mother of the world. A mother cares - and I wanted to care.

zu finden, wo Menschen sehr anders dachten und fühlten als ich. Ich fragte mich: Haben sie denn nicht denselben Traum von der Welt wie ich - und ich stellte in sehr schockierenden Momenten fest, daß dem nicht so war. Das war sehr erschreckend für mich, und das begann schon, als ich ein Kind war. Ich konnte Kälte und Sarkasmus nicht verstehen. Erst später fand ich heraus, daß diese kalten und sarkastischen Menschen tiefe Konflikte mit ihrer Seele haben. Ihre Seele tut so weh, so daß sie tun müssen, was sie tun und was sie taten.

Es dämmerte mir, daß die ganze Welt unter einem „verlorenen Traum" leidet, unter den Enttäuschungen der Seele. Und dann fühlte ich noch ein anderes sehr tiefes und starkes Gefühl: Mitgefühl. Ich wollte den Menschen zeigen, daß Träume wahr werden können. Millionen sahen meine Hochzeit, sie waren tief berührt von meiner Ehe. Es war mir nicht sonderlich bewußt, aber ich wollte den Menschen zeigen, was Liebe tun kann, und daß Träume wahr werden können.

Und dann - so empfand ich - war ich selbst gescheitert und mein Traum zerbrach. Was ich dann den Menschen zeigen wollte, war eine Diana, die immer noch lächelte, die immer noch liebte - und dann zeigte ich den

Menschen Diana, die Mutter - nicht nur die Mutter meiner Kinder, sondern auch die Mutter der Welt. Eine Mutter kümmert sich - und ich wollte mich um andere kümmern.

The Chinese Nightingale
August 5th '99

Many of you go through dark valleys. This is why you think you are far from joy and hope - or you do not deserve joy or hope. Many of you forgot how joy and hope feels. This is what I want to give you through my words, the music of my words, my communication with your heart.

I want to be intimate with you, close. This closeness has no rules, no regulations - I am just here, laughing with you, loving you. You criticise mistakes and failures in others - it is so strange, since you are suffering from your own mistakes the most. Why do you count the mistakes of the channellings. I told you, it is not the words - it is the melody. And if you were impressed by my first book, which was written in the resonance of my love - if that book reached you deep down, it was because it was NOT perfect, not polished, but it was full of heart, mine and of the man who gave his time and mind and wrote down what his heart told him, when I spoke to it. I counted his tears while he was writing, I comforted his pain, while he was seeing me, thinking of me, receiving me with a beautiful dedication and humility - what proof do

Die Chinesische Nachtigall
5. August '99

Viele von euch gehen durch ein dunkles Tal. Deshalb glaubt ihr, daß ihr weit weg seid von Freude und Hoffnung, oder ihr denkt gar, daß ihr weder Freude noch Hoffnung verdient. Viele von euch haben vergessen, wie sich Freude und Hoffnung anfühlen. Dies ist es, was ich euch durch meine Worte geben möchte, durch die Musik meiner Worte, durch meine Zwiesprache mit eurem Herzen.

Ich möchte euch ganz nahe sein. Diese Nähe hat keine Regeln oder Bedingungen - ich bin einfach da. Ich lache mit euch, und ich liebe euch. Ihr kritisiert die Fehler und das Scheitern anderer, dabei leidet ihr unter euren eigenen Fehlern am meisten. Auch über dieses Channeling habe ich euch gesagt, warum sollte man die Fehler zählen? Es sind nicht die Worte, es ist die Melodie, die zählt. Als ihr so sehr beeindruckt wart von meinem ersten Buch, das in der Resonanz meiner Liebe geschrieben wurde, als es euch so tief innen berührte, war es deshalb, weil es nicht perfekt war, nicht geglättet - aber es war voll von Herz - voll von meinem Herzen und dem Herzen des Mannes, der sich niedersetzte und seine Zeit und seine

you want, what kind of heart do you want? Do you want me or an artificial Diana of your own fabrication?

I loved one fairy tale very much. It was a fairy tale by Christian Andersen, called „The Chinese Nightingale". A king was very sick, and when he was on his death bed, he heard a nightingale singing in his park, through the open windows - and the song of the bird went deep into his heart. Everybody had given up on him and his servants had already left his room - nobody was with him in his last hour - but this beautiful nightingale and her song gave him life. So he felt better - and she came every evening, sat on a tree close by and sang to him the song of life. So in a few days he was healed and could take on his duties as a king again. But still the nightingale came every night - and he listened to her and his heart overflowed with gratitude and goodness.

One day he got a present from a friend in China. When the gift was unpacked, the whole court was in awe - as was the king himself. Something so perfect, something so beautiful - a bird, made of gold and silver, a mechanical toy - and when wound up it could make all kinds of pretty sounds - it sounded like a nightingale - but much

Fähigkeit gab, niederzuschreiben, was ihm sein Herz sagte, während ich zu ihm sprach. Ich zählte seine Tränen, während er schrieb, ich linderte seinen Schmerz, während er mich sah, an mich dachte, mich empfing mit einer wundervollen Hingabe und Demut - was für einen Beweis braucht ihr, was für eine Art Herz ist euch wichtig? Wollt ihr mich oder eine künstliche Diana Marke Eigenbau?

Ich liebte ein Märchen immer sehr. Es war ein Märchen von Christian Andersen: „Die Chinesische Nachtigall". Ein König war sehr krank, und als er bereits im Sterben lag, hörte er durch die offenen Fenster eine Nachtigall im Park singen - und das Lied des Vogels berührte ihn tief im Herzen. Alle hatte ihn bereits aufgegeben, die Diener hatten den Raum verlassen. Niemand war mit ihm in seiner letzten Stunde - außer der wunderbaren Nachtigall. Ihr Lied belebte ihn und bald fühlte er sich besser - und sie kam jeden Abend, saß auf einem benachbarten Baum und sang das Lied des Lebens. Nach ein paar Tagen war er geheilt und konnte seinen Pflichten als König wieder nachgehen. Und die Nachtigall besuchte ihn weiterhin jeden Abend - und er lauschte ihr, und sein Herz floß über vor Dankbar-

more perfect, much more consistent, much more predictable - much better, than the nightingale in the park. Her song was rough and unpredictable - and she only came at the time of dusk. This perfect nightingale could sing the whole day.

Now, of course, you know what I want to say with this story - and this story has many aspects, you might think about it a little longer.

The Chinese nightingale became boring after some time and when the king got sick, the toy gave no healing. He longed for his singing friend in the park - but she did not come anymore and he called her desperately ... see for yourself how this story might end. I am the nightingale in the park and if you open your windows my song will flow to you through the words of this man. And of course many artificial songs will be offered to you, perfect ones - but nature is perfect in her imperfection, because she is growing, she is not static, so am I, so are the paths I seek to reaching you - you can be sure, that I will not go for perfection, but I go for heart and I don't care for form.

keit und Güte.

Eines Tages bekam er ein Geschenk von einem Freund aus China. Der ganze Hofstaat, sogar der König, waren voll Entzükken, nachdem es ausgepackt war. So vollkommen, so wunderhübsch war es - ein Vögelchen, aus Gold und Silber geschmiedet, ein mechanisches Spielzeug, das, nachdem man es aufgezogen hatte, allerliebste Töne von sich gab. Es hörte sich wie eine Nachtigall an, aber viel perfekter, viel ausdauernder und viel vorhersagbarer - viel besser als die Nachtigall aus dem Park. Deren Gesang war dagegen rauh, immer anders, als man dachte und außerdem kam sie nur zur Abenddämmerung. Diese perfekte Nachtigall hier aber konnte den ganzen Tag lang ihr Liedchen trällern.

Natürlich wißt ihr, was ich euch mit dieser Geschichte sagen will. Sie hat viele Seiten - und du kannst darüber noch eine Weile nachdenken.

Die chinesische Nachtigall wurde mit der Zeit langweilig. Und als der König schließlich wieder krank wurde, kam von dem Spielzeug nichts, was irgendwie heilsam wirkte. Der König sehnte sich zutiefst nach seiner singenden Freundin vom Park, aber sie zeigte sich nicht mehr. Er rief sie verzweifelt ... Denke dir selbst aus, wie die

Geschichte endet. Die Nachtigall vom Park, das bin ich, und du mußt deine Fenster öffnen, dann fliegen dir meine Lieder in den Worten dieses Mannes zu. Natürlich werden dir viele künstliche Lieder angeboten, perfekte. Aber die Natur ist vollkommen in ihrer Unvollkommenheit, weil sie wächst. Sie ist nicht festgelegt, genausowenig wie ich. So wenig festgelegt sind die Wege, auf denen ich euch erreichen will. Ihr könnt sicher sein, daß mich das Perfekte nicht interessiert. Ich bin dem Herzen zugetan, nicht der Form.

About Time and the true Character of the Earth
July 21st '99

Time is an illusion in your world - it is an illusion everywhere. Because there is no time, there are evolutions and developments. These developments have to do with growing consciousness and EVERYTHING that happens in your world and the whole universe is an expansion of consciousness and creation. Creation expands. It is an ever growing dream, an evolving consciousness, evolving desires and imaginations, which create forms. One form is your Earth, which I so dearly love.

The Earth alone is a miracle. She is a dream, dreamt with so much love, with so much concern, which so much detail. Since I have visited other worlds - and I will talk about that later - I know what an exceptional place the Earth is. She is extraordinarily beautiful. She is very well known - and If you could know how many newspapers in other worlds write about your world, you would be most astounded and would also behave better! (she and they are laughing). They have invisible journalists on your planet - some are even visible.

But now I want to tell you something about

Über die Zeit und den wahren Charakter der Erde
21.Juli '99

Zeit ist in eurer Welt eine Illusion - wie überall. Denn es gibt keine Zeit, es gibt nur Entwicklungen und Erweiterungen. Diese haben mit dem Wachsen des Bewußtseins zu tun. Alles, was in eurer Welt und im ganzen Universum geschieht, ist eine Ausdehnung des Bewußtseins und der Schöpfung. Die Schöpfung dehnt sich aus. Sie ist ein Traum, der immer weiter wächst, ein sich erweiterndes Bewußtsein, in dem sich Wünsche und Vorstellungen entwickeln, die Formen erschaffen. Eine dieser Formen ist eure Erde, die ich so sehr liebe.

Schon die Erde ist ein Wunder für sich. Sie ist ein Traum, mit soviel Liebe erträumt, mit soviel Anteilnahme, mit soviel Liebe zum Detail. Da ich inzwischen auch andere Welten besucht habe - und darüber will ich zu einem späteren Zeitpunkt sprechen -, weiß ich, was die Erde für ein außergewöhnlicher Ort ist. Sie ist über alle Maßen schön. Sie ist sehr bekannt - und wenn ihr wüßtet, wieviele Zeitungen in anderen Welten über eure Welt schreiben, würdet ihr sehr erstaunt sein - und euch vielleicht auch besser benehmen (sie lacht). Sie schik-

the humour here. Dietrich hears us laughing from time to time and he should note it down when he hears it. It is a warm laugh - it is not that we are laughing at you. We also need to tell you that we sometimes see funny connections and do not take things as seriously as you often do in your world, because we know and I have learned about it: all that happens "down" there and also "up" here and throughout worlds and consciousnesses is a PLAY. People - and me too in my lifetimes - tend to take things SO seriously - and that is why things BECOME so serious, but please understand this is what the Mind and Ego create. Life on Earth - and not only there - NEEDS TO BE SEEN MORE PLAYFULLY!!! It IS a play, it is meant to be one.

From the beginning Earth was meant to be a stage, where selected consciousnesses can play - with elements, with time and space, with body and soul, with their senses, with love and sexuality, with all those wonderful properties the BODY has - and MIND, SOUL and SPIRIT have too. This IS a GIFT - but a playful one. We will talk later about how and why this "seriousness" came into your world, but we can tell you right upfront: It came because of a false understanding of the relationship between

ken unsichtbare Journalisten auf euren Planeten - manche sind sogar sichtbar. Jetzt möchte ich euch etwas über unseren Humor sagen. Dietrich hört uns von Zeit zu Zeit lachen und er sollte es niederschreiben, wenn er es hört. Es ist ein warmes Lachen, wir lachen euch nicht aus. Aber wir müssen euch auch sagen, daß wir manchmal lustige Verbindungen entdecken und Dinge nicht so ernst nehmen, wie ihr es oft in eurer Welt tut, weil wir jetzt einfach wissen: Alles, was geschieht, bei euch „da drunten" und auch „hier oben", in allen Welten und Bewußtseinsarten - ist ein Spiel. Auch zu meinen Lebzeiten haben Menschen alles so ernst genommen, und deshalb wurden die Dinge auch so ernst. Bitte versteht, das macht euer Ego und euer Verstand. Das Leben auf der Erde - und nicht nur dort, sollte aber soviel spielerischer erfahren werden. Es ist ein Spiel, so war es ursprünglich gemeint.

Von Anfang an sollte die Erde eine Bühne sein, wo ausgewählte bewußte Wesen spielen könnten: mit den Elementen, mit Zeit und Raum, mit Körper und Seele, mit ihren Sinnen, mit Liebe und Sexualität, mit all diesen wunderbaren Eigenschaften, die ein Körper, die der Verstand, die Seele und der Geist besitzt. Es ist ein Geschenk -aber ein

GOD and HUMAN BEINGS and of a false understanding of what GOD is and what "HE" expects from human beings.

spielerisches. Wir werden euch später noch erzählen, wie diese Ernsthaftigkeit in die Welt kam - aber wir können euch gleich hier das Folgende sagen: Sie entstand aus einem Mißverständnis zwischen Gott und den Menschen und dem mangelnden Bewußtsein, wer Gott ist und was „ER" von den menschlichen Wesen erwartet.

„Be open for surprises" - about the New Creation
July 21st '99

Fixed expectation is a human characteristic. God does not expect, God IS. God moves. God dreams, if you will. God imagines, and of course, this imagination is also a kind of "expectation", but it is a flowing, a loving, a breathing - not a fixed-expectation. It is an expectation like a child's has when it jumps out of bed in the morning and is excited about what the day will bring. It ex-spects: it looks out there with open hands and open mind. It is a MIRACLE-expectation if you will, it is an expectation with a lot of space, with a lot of room for change, for new things - like birthday gifts you did not want to know before your birthday.
This MIRACLE-expectation and the letting go of fixed expectation is one of the solutions for the future of the world. You need to be open to surprises. You cannot hang on to concepts of how things need to happen. This is why the door of the future opens wide and the energies coming through this door are unknown to you. Mind and ego therefore try to interpret what they feel, and because what they feel is unfamiliar to them they get angry, or hurt, or they compare it

„Seid offen für Überraschungen" - über die Neue Schöpfung
21.Juli '99

Festgelegte Erwartungen zu haben, ist eine menschliche Eigenschaft. Gott erwartet nicht. Gott IST. Gott bewegt sich. Gott träumt, wenn man so will. Gott hat Vorstellungen, und natürlich, in dieser Imagination ist auch eine Art „Erwartung" enthalten - aber sie ist fließend, sie ist liebend, sie ist atmend, es ist keine du mußt-Erwartung. Es ist eine Erwartung, wie sie ein Kind hat, wenn es morgens aus dem Bett hüpft und ganz aufgeregt ist, was wohl dieser Tag bringen wird. In seiner Erwartung schaut es in die Welt hinaus, mit offenen Händen und mit einem offenen Herzen. Es ist eine Wunder-Erwartung, wenn man so will. Es ist ein Erwarten, das viel Raum gibt, viel Raum für Veränderung, für Neues. So, wie man vor einem Geburtstag noch gar nicht wissen will, was man geschenkt bekommt. Diese WUNDER-Erwartung und das Aufgeben der Muß-Erwartung ist eine der Lösungen für die Zukunft der Welt. Ihr müßt offen sein für (positive) Überraschungen. Ihr könnt nicht mehr länger an Konzepten festhalten, wie Dinge zu geschehen haben, weil sich das Tor zur Zukunft weit geöffnet

with bad experiences from "the past". This creates strange kinds of body sensations - even sicknesses. Because the Ego says: "Something is wrong here", the mind nods and the body feels that "something is wrong here" and then creates "something" wrong. You need to know and you need to tell your body and mind: "It is not wrong it is RIGHT - and please know, dear mind and body, that you cannot understand it right now - but I TELL YOU: I trust, I TRUST, that it is right."

GOD is a GIVER. But you cannot control how God should share His gifts. When you try to control Gods' gifts, you are striking against the very flow of creation, against the gifts coming out of the future and leading into the future. You know you want gifts "before your birthday". In fact most of your society desires to control God, not wanting to receive gifts, but preferring to be in control of what is happening.

For a time being in the last centuries this was possible to a certain degree. Since "Men were measures of all things", GOD somehow withdrew and let them build their world the way they wanted it.

But this changed drastically. Many human beings, many souls are starting to seek for higher Truth, for God, for higher purpose.

hat und ihr die Energie, die durch dieses Tor kommt, nicht kennt. Der Verstand und das Ego versuchen daher, ihr Gefühl zu interpretieren. Und weil das, was sie fühlen, unbekannt ist, werden sie ärgerlich oder sind verletzt, oder sie vergleichen es mit schlechten Erfahrungen aus „der Vergangenheit". Das kann unangenehme Körpergefühle verursachen - mitunter sogar Krankheit. Das Ego sagt:"Etwas läuft hier falsch...", der Verstand nickt dazu, und der Körper fühlt es, der Körper fühlt, daß etwas „falsch läuft", und erschafft daher etwas „Falsches" (z.B. Krankheit). Ihr müßt wissen, und ihr müßt es eurem Körper und Verstand sagen: Es läuft nichts falsch, es läuft richtig - und lieber Kopf, lieber Körper, bitte nehmt zur Kenntnis, obwohl ihr es momentan nicht versteht, wenn ich euch sage: Ich vertraue, ich vertraue darauf, daß es richtig läuft.

GOTT ist ein GEBENDER. Aber du kannst Gott nicht vorschreiben, wie er seine Geschenke zu verteilen hat. Wenn du versuchst, das göttliche Geben zu kontrollieren, kämpfst du gegen den Fluß der Schöpfung und weist die Geschenke zurück, die aus der Zukunft kommen und dich in die Zukunft führen. Ihr wollt Geschenke, die ihr schon „vor dem Geburtstag" kennt. Es

The dream changes. The dream says: We want to unify with God. And this changes EVERYTHING, because this means that a synergy begins, a synergy of human thought and godly thought. Human beings start to dream God's dream about creation and this dream is very different from the original human dream, because it is a synergy between two dreams becoming one, and this is the next dimension you are all talking about. Nostradamus and others could only see the human dreams and the manifestations coming out of them, and so he saw eventually the nightmares at the edge of his horizon - because he could not see or imagine that human beings would desire to "dream" and "create" in union with god. The new Man, dear ones, the new Human Being - the Human Being of the Future - will dream and create in union with God. This is the desired future for the Earth and its inhabitants.

This means - and there is a already evidence - that things happen which cannot be understood, which do not make sense, which do not seem to be rational or logical. This is so in personal lives and throughout the Earth's events. There are only disasters and tragedies, if you try to control, interpret, or hinder this unknown energy as it connects

ist eine Tatsache: Der Großteil der Gesellschaft will Gott kontrollieren, seine Geschenke zurückweisen, die Kontrolle darüber haben, was passiert.

Für eine bestimmte Zeit, in den letzten Jahrhunderten, war das zu einem gewissen Maß möglich. In den Zeiten, als der Mensch „das Maß aller Dinge war", hat sich Gott etwas zurückgezogen und die Menschen ihre Welt bauen lassen, wie sie sie bauen wollten.

Aber das hat sich drastisch verändert. Viele Menschen, viele Seelen beginnen jetzt nach höherer Wahrheit zu streben, nach Gott, nach einem höheren Sinn. Der Traum hat sich verändert. Der Traum sagt jetzt: Wir möchten uns wieder mit Gott vereinigen. Und das ändert ALLES, weil damit die Synergie beginnt, die Synergie von menschlichem und göttlichem Denken. Die Menschen beginnen, den Traum zu träumen, den Gott von der Schöpfung hat. Dieser Traum ist sehr verschieden vom ursprünglichen Traum des Menschen, weil er jetzt eine Synergie ist von zwei Träumen, die zu einem Traum werden. Das ist die nächste Dimension, von der ihr alle sprecht. Nostradamus und andere konnten den Traum vom Menschen und wie er sich verwirklicht nur aus ihrer Warte sehen, und so sahen sie

with yours - the energy of GOD's dream for the Earth. So very often you have prayed for that after big tragedies and wars - and you prayed for it especially after the last war. You prayed that GOD might connect, come back and so you started to move back to GOD. God was always there - it was you, who left God. You alienated yourselves. And this had a purpose, it was "o.k.". But now things are changing and you need to change too - and this change demands one attitude, one feeling, one belief and this is called TRUST. Your TRUST in God.

When we say GOD, we mean of course not a limited God of any religion, but God as FATHER/MOTHER of all CREATION - whom you know much better than you think, and "they" know you much better than you think! In many ways "they" are very personal, and VERY close, closer than your nose!

Now TRUST has very different aspects. If you trust somebody you do not need to control this person. Right? And since control takes a lot of time, TRUST gives you time back. Many of you people have time-problems, because you control the whole day. You control yourself, your partner, your finances. As Princess of Wales I felt especially alive when I was "out of control".

nur Alpträume am Rande ihres persönlichen Horizontes, denn sie konnten nicht sehen oder sich vorstellen, daß menschliche Wesen eines Tages in der Einheit mit Gott träumen und erschaffen würden. Der neue Mensch, ihr lieben, das neue menschliche Wesen, das Menschenwesen der Zukunft, träumt und erschafft in der Einheit mit Gott. Das ist die so heiß ersehnte Zukunft für die Erde und ihre Bewohner.

Das heißt - und es zeichnet sich jetzt schon ab -, daß Dinge geschehen, die nicht verstanden werden können, die keinen bestimmten Sinn ergeben, die nicht im Einklang mit Logik und Vernunft zu stehen scheinen. Das betrifft das persönliche Leben wie auch Ereignisse auf dieser Erde. Wenn ihr versucht, diese zu kontrollieren, wird es nur in Verheerung und Tragödien enden, wenn ihr eure Interpretation des Geschehens dagegensetzt, wenn ihr versucht, diese unbekannte Energie, die Energie des göttlichen Traums von der Erde, daran zu hindern, sich mit eurer Energie zu verbinden. Wie oft habt ihr schon nach Kriegen und Tragödien darum gebetet, wie oft schon - und ihr habt ganz besonders innig nach dem letzten Krieg darum gebetet! Ihr habt gebetet, daß Gott sich wieder mit euch verbinden möge, zu euch zurück-

That was why I loved dancing so much. Of course there are sometimes "controlled" steps to be taken, but they are not so much control a symphony, a synergy of movements directed by something, which cannot be controlled: Music. Life should be a dance - a dance orchestrated by the music of creation, by the unfolding dream.

The reason many of you do not really want to TRUST is because you think you need to be in control of the good things that happen to you. Because ultimately you want to say: "I did it". You want to earn your future. You want to work for your future. And you work hard. I worked hard. When Dodi came into my life I started to trust. And when I started to trust something in me knew that my mission would take a different turn. It might be very hard for you to believe what I am going to say - but at the moment I trusted to sit in that car, I felt God's love, so strongly, and I connected it with my love for Dodi - and then my life took this turn into another form of life, where I could live mine and God's dream of my freedom and my purpose much more clearly. I knew and felt that I could do so much more for the Earth than in physical form. And that is why I am so grateful for being able to talk to you in this way. But this

komme - und so habt ihr euch auf den Weg zu Gott gemacht. Denn Gott war immer für euch da - ihr wart es, die Gott verließen. Ihr selbst habt euch entfremdet. Und das hatte einen Sinn, es war „o.k.". Aber jetzt ändern sich die Dinge und ihr müßt euch ändern, und diese Veränderung verlangt eine bestimmte Haltung, ein Gefühl, eine Überzeugung - und diese heißt VERTRAUEN. Dein VERTRAUEN in Gott. Wenn wir von Gott sprechen, dann meinen wir natürlich nicht den begrenzten Gott irgendeiner Religion, wir sprechen hier von Gott als Vater/Mutter der ganzen Schöpfung - die ihr soviel besser kennt, als ihr denkt, und „sie" kennen euch viel besser als ihr denkt. In vielerlei Hinsicht sind sie sehr persönlich, und sehr nahe, näher als deine Nasenspitze.

Nun, Vertrauen hat sehr verschiedene Seiten. Wenn du jemandem vertraust, dann brauchst du diese Person nicht zu kontrollieren, richtig? Und da Kontrolle sehr viel Zeit verschlingt, gibt dir Vertrauen Zeit zurück. Viele von euch haben Zeitprobleme, weil ihr den ganzen Tag nur kontrolliert. Ihr kontrolliert euch selbst, euren Partner, euer Geld. Als Prinzessin von Wales fühlte ich mich besonders lebendig, wenn ich außer Kontrolle war. Darum liebte ich es so

is not the only way I am present in your world. I still touch your hearts, I am still in many of your dreams. You still smell my flowers, you are still touched tenderly by thoughts of beauty. I also have a body here, but it is different. It is a light body. I neither eat nor drink, but I still feel, I embrace, I am moved, I talk, I whisper in your daydreams, sometimes I caress your hair and you feel it like a loving sensation "out of nowhere"!.
You know I always wanted to be a teacher, somebody who knows and gives knowledge - lovingly. Not with a pointed finger, but with an embrace.

sehr, zu tanzen. Natürlich gibt es dabei auch „kontrollierte" Schritte, aber sie sind nicht wirklich kontrolliert, sie fügen sich viel eher ein in eine Symphonie, in eine Synergie der Bewegungen, von etwas gesteuert, das nicht kontrolliert werden kann: Musik. Leben sollte ein Tanz sein - ein Tanz, der von der Musik der Schöpfung begleitet wird durch den sich entfaltenden Traum.

Der Grund, warum viele von euch nicht wirklich VERTRAUEN wollen, ist der, daß ihr denkt, daß ihr Kontrolle über die guten Dinge haben müßt, die euch zustoßen. Denn am Schluß möchtest du sagen: Ich habe dies bewirkt. Du möchtest dir deine Zukunft selbst verdienen. Du möchtest für deine Zukunftarbeiten. Ihr arbeitet hart. Ich arbeitete hart. Jedoch als Dodi in mein Leben trat, begann ich zu VERTRAUEN. Und als ich zu vertrauen begann, wußte etwas in mir, daß meine Mission eine neue Richtung einschlagen würde. Es ist vielleicht schwer zu glauben, was ich jetzt sage - aber in dem Moment, als ich vertraute, in diesem Auto zu sitzen, fühlte ich Gottes Liebe so stark - und ich verband sie mit meiner Liebe zu Dodi - und mein Leben nahm diese andere Wendung hin zu einer anderen Form von Leben, in dem ich meinen und Gottes

Traum von meiner Freiheit und meinem Lebenssinn noch soviel besser träumen konnte. Ich wußte und fühlte, daß ich auf diese Weise noch soviel mehr für die Erde tun konnte als in der körperlichen Form. Daher bin ich so dankbar, daß ich auf diesem Weg mit euch reden kann. Aber dies ist nicht die einzige Art, wie ich in eurer Welt gegenwärtig bin. Ich berühre immer noch eure Herzen, ich bin immer noch in vielen eurer Träume. Ihr riecht immer noch den Duft meiner Blumen, ihr seid immer noch zart berührt durch die Gedanken der Schönheit. Ich habe einen Körper, auch hier. Es ist ein anderer Körper. Es ist ein lichter Körper. Ich esse nicht, ich trinke nicht, aber ich fühle, ich umarme, ich bin bewegt, ich spreche, ich flüstere in eure Tagträume, manchmal streichle ich dein Haar und du fühlst es wie eine liebevolle Berührung von „irgendwoher". Wißt ihr, ich wollte immer so gerne eine Lehrerin sein, eine, die weiß und ihr Wissen weitergibt - liebevoll. Nicht mit einem erhobenen Zeigefinger, sondern mit einer Umarmung.

„Be honest with each other"
January 12th '00

You need to give each other encouragement to be honest with each other. So often you threaten the other person, your partner or loved one, not to tell the truth. First you say: „Please tell me the truth" and then you are angry when you hear it. Truth - your truth - is dependent on the way you are taught what is real and what the consequences are of changing reality. Each of you want to change a reality from time to time, because life gets too boring or too painful or both and you are simply not satisfied with what you do or experience in life. You want to change something.

Change, as we have often said, can generate fear and can shatter your sense of security. The same with your loved one. Suddenly you are not the „same as you were before" and your loved one gets angry or scared - often both. They seem to be angry, but behind it there is fear. And this fear says: I am terrified that you are changing because I no longer know who you are and I might loose you.

But life is an experiment. In order to grow you need to change things, to explore possibilities and you need to make mistakes.

„Seid ehrlich zueinander"
12. Januar '00

Ihr solltet euch gegenseitig ermutigen, ehrlich miteinander zu sein. So oft macht ihr es dem anderen, einem Partner, ja, sogar einem geliebten Menschen, schwer, die Wahrheit zu sagen. Zuerst sagst du: „Bitte, sage mir die Wahrheit ", und dann bist du ärgerlich, wenn du sie hörst. Wahrheit, deine Wahrheit, ist abhängig von der Art, wie du gelernt hast, was wirklich ist und was die Konsequenzen sind, wenn du die Realität veränderst. Jeder von euch möchte seine Lebensumstände von Zeit zu Zeit verändern, weil sie zu langweilig oder zu schmerzhaft geworden oder beides sind - du bist einfach nicht mehr zufrieden mit dem, was du tust oder erlebst. Du möchtest etwas verändern. Veränderung kann Furcht erzeugen, kann dein Gefühl von Sicherheit erschüttern. So geht es auch mit einem geliebten Menschen. Auf einmal bist du nicht mehr der, „der du vorher warst", und dein geliebter Partner wird ärgerlich oder bekommt es mit der Angst zu tun, meist beides. Er oder sie scheint ärgerlich zu werden, aber dahinter ist Furcht. Und diese Furcht sagt: Ich habe Angst, daß du dich veränderst, weil ich sonst nicht mehr weiß,

Mistakes are absolutely necessary on every path of growth. You need to allow yourself to make mistakes and also allow your partner to do so. If you don't do that and want them always to be the same, think the same, do the same, always want them to be cautious and clinging to the same truth, without questioning, then you lock your partner in a tower where they will be very unhappy. And then your partner might start to lie, because they do not want to hurt you and take away your security. They know that you have built trust and security in them staying the same without changing.
This is not human. And it is the end of a love relationship.
A love relationship needs to breathe - it inhales and exhales.
The only security you have in a partnership, friendship or a deep love is that you know you can talk and that the other person will listen to you. In order to exhale and inhale you need to open your mouth, and in this way you have to open yourself to communicate. Honestly communicate - allowing each other to talk it out.
Where is the heart, you might ask, in all this talking?
Real communication always comes from the heart, from an active heart, from a

wer du eigentlich bist, und möglicherweise verliere ich dich.
Aber das Leben ist ein Experiment. Um zu wachsen, muß man Dinge verändern, Möglichkeiten erforschen, und man muß auch Fehler machen. Fehler sind unbedingt notwendig auf jedem Wachstumsweg. Du mußt dir erlauben, Fehler zu machen, und du mußt dies auch deinem Partner erlauben. Wenn du dies nicht tust, wenn du immer willst, daß er oder sie immer dieselben sind, genauso denken wie immer, immer dasselbe tun, immer vorsichtig sind, immer denselben Wahrheiten anhängen und nicht in der Lage sind, zu hinterfragen oder sogar eine neue Wahrheit zu suchen, dann setzt du deinen Partner in einen Elfenbeinturm. Er oder sie, sie werden sehr unglücklich sein möglicherweise anfangen, zu lügen, weil sie dich nicht verletzen und dir deine Sicherheit nehmen wollen, weil sie wissen, daß du deine Sicherheit auf der Tatsache aufgebaut hast, daß sie immer dieselben sind und bleiben und sich nicht verändern.
Das ist nicht menschlich, und es ist das Ende einer jeden Liebesbeziehung.
Eine Liebesbeziehung muß atmen können. Sie atmet ein und sie atmet aus.
Die einzige Sicherheit, die du in einer Partnerschaft hast, in einer Freundschaft oder

responsible heart. You see, the heart does not only contain „love". The heart is the CENTRE of you as a human being. The heart is the main door of your house, so to speak - and the way your heart is, is the way you are. Your heart is the organ in your breast that feeds everything, even your brain. If your heart fails, the whole system dies in seconds. This is not so with other organs.

But the heart we speak of is so much more than the organ called „heart". It is the centre of your being, it is the portal to your God being, and that is why your heart should be involved in everything you do, think, and say.
Your HEART is STRONG. It is much harder to close it than to leave it open. Many people are exhausted by the effort of closing their hearts, because this needs a lot of energy! You need a lot of force to keep this door closed - a door that wants and needs to be open in order that life is properly experienced.
Well, you might say, then everybody can walk in and do „their thing" with my heart - I have experienced how much people can hurt me when I am open. Beloved, I am not talking about a passive open heart, not the heart of a martyr or of self pity. I talk about

in einer tiefen Liebe, ist, daß du weißt, daß du sprechen kannst und daß der andere dich hört. Wenn du einatmen oder ausatmen willst, mußt du deinen Mund öffnen, und so mußt du auch deinen Mund öffnen, um zu kommunizieren, ehrlich miteinander zu kommunizieren - und laß den anderen zu Wort kommen und dich selbst auch. Aber wo ist das Herz, magst du fragen, bei all diesem Gerede?
Wirkliche Kommunikation kommt immer vom Herzen, von einem verantwortlichen Herzen. Sieh, das Herz enthält nicht nur „Liebe", das Herz ist das Zentrum, das Herz ist das Zentrum von dir als einem menschlichen Wesen. Das Herz ist das Haupttor zu deinem Haus sozusagen, und so wie dein Herz ist, so bist du. Dein Herz ist das Organ in deiner Brust, das alles ernährt, sogar dein Gehirn. Wenn dein Herz ausfällt, stirbt das ganze körperliche System in Sekunden. Das ist nicht so mit anderen Organen.
Aber das Herz, von dem wir sprechen, ist soviel mehr als das Organ „Herz". Es ist das Zentrum deines Seins, es ist das Tor zu deinem Göttlichen Sein. Deshalb sollte dein Herz an allem beteiligt sein, beteiligt an allem, was du tust, was du denkst, was du sagst. Dein HERZ ist STARK, es ist soviel schwieriger, es zu schließen, als es offen zu

an active heart - a heart which knows about its natural strength and lives it, even when you do not know all the answers in a certain situation.

Trust your heart. Focus on its love and wisdom. Your heart is not foolish even it might appear as a fool. Your heart might present magical solutions to a problem. It might act out „non-sense" - if you just let it! You might talk with your heart and say: heart, what is the solution to this situation. And your heart might say: just let me open up and do my job. Don't try to understand me - just leave free to work the magic.

Through your heart you are talking to God, and God knows your heart and can use your heart as a portal to step into your life and work the beautiful healing, change and solutions you need. So, your heart needs to be open both ways: to the inside AND to the outside. Your heart connects both your inner and outer reality linking them in a stream if love, strength and mercy.

Your heart is „God's ear" so to speak. Through your heart God listens to your world and can respond.

Respons-ability.

Isn't that beautiful?

lassen. Viele Menschen sind so erschöpft, weil sie denken, daß sie ihr Herz verschließen müssen, denn dieses Schließen braucht Energie. Du brauchst viel Kraft, diese Herzenstür geschlossen zu halten, eine Tür, die aufbleiben möchte und aufbleiben muß, damit das Leben erfahren werden kann. „Gut", sagst du, „dann kann ja jeder hereinkommen und seine Spiele mit meinem Herzen treiben. Ich habe es erlebt, wie viele Menschen mich verletzen, wenn ich offen bin. Geliebter, Geliebte, ich rede nicht von einem passiven offenen Herzen, ich rede nicht von dem Herzen eines Märtyrers oder von Selbstmitleid. Ich spreche von einem aktiven Herzen, das seine natürliche Stärke kennt und diese lebt. Auch wenn du in einer Situation nicht alle Antworten weißt, vertraue deinem Herzen, glaube an seine Liebe und seine Weisheit.

Dein Herz ist nicht dumm, auch wenn es manchmal wie ein Narr erscheint. Dein Herz präsentiert dir möglicherweise sehr magische Lösungen zu einem Problem. Möglicherweise handelt es in „Un"-Sinn, wenn du es nur läßt. Du könntest mit deinem Herzen sprechen und sagen: „Herz, was ist die Lösung in dieser Situation?" Und dein Herz sagt möglicherweise: „Laß mich einfach nur offen sein und meine Arbeit

tun. Versuch nicht, es zu verstehen - laß es mich einfach tun und die Magie wirken."
Durch dein Herz sprichst du mit Gott - und Gott kennt dein Herz und kann dein Herz auch als Tor benutzen, um in dein Leben einzutreten und diese wunderbare Heilung, Veränderung und Lösung veranlassen, die du brauchst. Also, dein Herz muß nach zwei Richtungen offen sein: nach innen und nach außen. Dein Herz verbindet beides, deine innere und deine äußere Realität; verbindet sie in einem Strom der Liebe, Stärke und Gnade.
Dein Herz ist Gottes „Ohr" sozusagen. Durch dein Herz hört Gott deiner Welt zu und kann ihr antworten.

Ver-Antwort-ung.

Ist das nicht wunderbar?

„Trust your heart"
January 12th '00

It is true. Many of you have broken hearts. A heart can break, but is it really the heart? Most of the time what actually breaks is something very vulnerable in you - it is trust. Yes, trust can break. It is like glass. Glass breaks if it is dropped.

Often your trust in yourself is broken, because you think you have done or allowed such terrible to be done that you cannot be forgiven for it. So terrible perhaps that God cannot forgive you neither can you forgive yourself.

Many of you who read this book have broken your trust in yourselves, because you feel you have allowed all these „terrible things to happen in the world".

But also look at the beauty of it! What a beautiful soul you are! You look into the world and you feel pain, because you feel for creation.

You came into this world, you trusted yourself, you trusted God that things would change, that you would be able to change the course of the world - and then you realised that it was not so easy. They still torture animals, they still carry on these terrible wars against freedom, against

„Vertraut eurem Herz"
12. Januar '99

Es ist wahr. Viele von euch haben ein gebrochenes Herz. Ein Herz kann brechen - aber ist es wirklich das Herz? Meistens bricht etwas anderes sehr Verwundbares in euch - nämlich Vertrauen. Ja, Vertrauen kann zerbrechen. Es ist wie Glas. Glas bricht, wenn man es fallen läßt.

Oft ist es dein Selbstvertrauen, das zerbrochen ist, weil du denkst, daß du so schlimme und furchtbare Dinge getan hast und dir dafür nicht vergeben werden kann. Es ist und war so schrecklich, daß weder Gott dir verzeihen kann noch du dir selbst.

Viele von euch, die dieses Buch lesen, ihr seid erschüttert in eurem Selbstvertrauen, weil ihr all diese „schlimmen Dinge in der Welt" zulaßt. Aber seht auch die Schönheit darin! Was für eine schöne Seele du doch bist! Du schaust die Welt an und du fühlst Schmerz, weil du mit der Schöpfung fühlst.

Du kamst in diese Welt, du hast dir selbst vertraut, du hast Gott vertraut, daß Dinge sich ändern würden, daß du in der Lage sein würdest, den Lauf der Welt zu ändern - und dann wurde dir klar, daß das nicht so einfach ist. Sie quälen immer noch Tiere, sie führen immer noch diese Kriege gegen die

families in the name of ... This was very much how I felt when I was Princess of Wales. I wanted to change the course of this world, as I have so often before. And I suffered a great deal to see and experience that very very few people felt and thought like I did. I suffered because I did not know how to reach those who do and support these things and then I started to touch those who suffered.

What did I find there? I found so much strength, so much love, so much tenderness and genuine open hearts. What a treasure, what a comfort.

And I started to understand - understand love.

Love does not avoid bad things, love does not polarise between wrong and right. Love does not judge. Love loves. Love hopes. Love reaches out. Love gives freedom, even to the things we say are „wrong".

This was not easy for me to understand. How often I stood there at my window in Kensington. I looked out into the park, into the misty rain, into the strange and touching beauty of a morning dawn. And I asked: Why? Why do I stand here with a bleeding heart and feel so terribly guilty because I cannot live what I feel. That the world does not live what is right. That I am not able to

change things quickly enough ...

How did Jean d'Arc feel? How much I felt connected to her and to these other women in the world for whom I had great respect and who were often not themselves much respected - more often misunderstood, rejected, misused. Marilyn, Janis ...
I started to do my charity work - not from a distance writing cheques from some desk - no, I went to the people for whom I wanted things to change.
And then suddenly I met myself. I met my own heart. And it healed. Yes, these people healed my heart: these with HIV and mental illness, those women in Bosnia, the poor and rejected, the „underprivileged" in both rich and poor countries, those who suffered war, rape and mutilation - yes, THEY healed my heart!
You won't believe how much love I shared with them in those precious moments. I laughed with them, I cried with them - I was no longer alone.
They knew me and I knew them. They had so much forgiveness, so much strength and mercy, so much compassion - FOR ME! Yes, for me!
They gave to me! They showed me what love is and can be in all their suffering - and

Dunst und Regen, in die seltsame und zu Herzen gehende Schönheit einer Morgendämmerung. Und ich fragte: Warum? Warum stehe ich hier mit einem blutenden Herzen und fühle mich so furchtbar schuldig, daß ich nicht leben kann, was ich fühle? Daß die Welt nicht lebt, was richtig ist. Daß ich nicht in der Lage bin, Dinge schnell genug zu verändern.

Wie hat sich wohl Johanna von Orleans gefühlt? Wie sehr ich mich doch mit ihr verbunden fühlte und mit diesen anderen (tapferen) Frauen dieser Erde, denen ich so hohen Respekt zollte, die aber (für das, was sie wirklich waren) nicht sehr anerkannt waren... nicht selten waren sie mißverstanden, abgelehnt und mißbraucht worden. Darunter Marilyn, Janis ...
Ich begann meine Wohltätigkeitsarbeit - nicht aus sicherer Entfernung, nicht von einem Schreibtisch aus, wo ich Schecks ausschrieb, nein, ich ging hin zu den Menschen, für die ich Veränderung wollte.
In ihnen begegnete ich mir selbst, ich begegnete meinem eigenen Herzen. Und es heilte. Ja, diese Menschen heilten mein Herz, diese Aidskranken, diese Behinderten, die Frauen in Bosnien, all die Armen und Verleugneten, all die „Unterprivile-

most of them did not judge. This was so precious. There was this genuine touch, a genuine acceptance of life and its many aspects. And the strength of understanding out of this acceptance that love can abound in the strangest places, in places where she makes „non-sense".

Where is your love leading you?

To which strange places of „non-sense"?!

gierten" in den reichen und armen Ländern, all die, die Krieg, Gewalt und Verstümmelung erlitten - sie heilten mein Herz. Ihr könnt euch nicht vorstellen, wie viel Liebe ich in diesen kostbaren Momenten mit ihnen teilte. Ich lachte mit ihnen, ich weinte mit ihnen - ich war nicht mehr allein.
Sie kannten mich, und ich kannte sie. Sie hatten soviel Vergebung in sich, soviel Stärke und Barmherzigkeit, soviel Mitgefühl - für mich! Ja, für mich!
Sie haben mir gegeben! Sie haben mir gezeigt, was Liebe ist und sein kann in all diesem Leid - und die meisten von ihnen verurteilten nicht. Das war so kostbar. Da war diese tiefe Berührung, dieses tiefe Annehmen des Lebens in seinen vielen Aspekten und die Stärke, daß Liebe überfließen kann an den seltsamsten Orten, an Orten, wo sie „keinen Sinn" macht.

Wo führt dich deine Liebe hin?

Zu welch seltsamen Orten des „Un-Sinns"?

About Health
August 6th '99

The information now to be given is about health.

Health represents the status of a healed soul. Now you who are sick do not need to despair or think: what is wrong with me. There is nothing wrong with you - you are sick, because something is right with you, don't forget this. You have allowed your soul to express where she is hurt. And when you let your soul express herself, then you connect to healing and you will be healed.

Yes, your soul produces the sickness in your body to show you where she is hurt. But your soul can be hurt in many ways. One way is a trauma in your lifetime, something, which disturbed you, moved you very deeply when you were a child. This could even have been a dream, a „night mare",. a dream in which you saw something very hurtful, perhaps about another child who was communicating with you. And you helped the unknown friend of your dream by your sickness, because through your sickness you expressed what this other child could not express or you gave this other child a hand by receiving the same sickness.

Über Gesundheit
6. August '99

Eine der Informationen, die euch gegeben wird, ist die Information über Gesundheit. Gesundheit ist immer der Zustand einer geheilten Seele. Doch du, der du jetzt vielleicht krank bist, solltest nicht verzweifeln oder denken: Was ist nicht in Ordnung mit mir? Es ist alles in Ordnung mit dir, du bist einfach krank, weil etwas in dir richtig funktioniert, vergiß das nicht. Weil du jetzt deiner Seele erlaubst, auszudrücken, wo sie verletzt ist. Und wenn du deiner Seele erlaubst, sich selbst auszudrücken, dann verbindest du dich schon mit der Heilung, und du wirst geheilt werden.

Ja, deine Seele produziert diese Krankheit in deinem Körper, um dir zu zeigen, wo sie verletzt ist. Aber deine Seele kann auf vielerlei Weisen verletzt sein. Eine Art der Verletzung ist ein Trauma in deinem Leben, etwas, was dich zutiefst beunruhigt hat, etwas, was dich sehr bewegt hat, als du ein Kind warst. Es hätte sogar ein Traum sein können, ein „Alptraum", in dem du etwas sehr Verletzendes gesehen hast. Vielleicht etwas über ein anderes Kind, das mit dir Verbindung aufgenommen oder mit dir gesprochen oder sonstwie kommuniziert hat.

Others are sick because they wish to express something of truth and can't, or they would like to live a life of greater empowerment or integrity, and they do not know how or they block themselves.

Many of you still get sick because of the sick state of the world you live in. Many compassionate people often get sick, because they do not want to be the only healthy people - although they could be. Some of you „holy" people should start to let go of carrying the sickness of the world and enjoy your health instead! When I had bulimia, I expressed a deep conflict within my soul - and not only one. Bulimia expresses the brink between life and death - you can neither live nor die which is a very painful state. And this pain expressed the pain of my soul about LOVE.

Now, there is another way the soul can express what she wants to express - and this is through valuable information, valuable expression. Your soul, your innermost being wants to talk, wants to say something. When you were a child, you grabbed a piece of paper and you drew some lines (not perfectly) and you used some colours to express yourself. You NEEDED to do this - and on these pictures everything was expressed: sadness and joy, fear and laughter.

Und du hast deinem unbekannten Freund deines Traumes geholfen durch deine Krankheit, weil du durch deine Krankheit ausdrücktest, was dieses andere Kind nicht ausdrücken konnte. Oder du gabst diesem anderen Kind eine Hand, indem du die gleiche Krankheit angenommen hast.

Andere sind krank, weil sie etwas sehr Wahrhaftiges tun oder sagen wollen oder gerne ein kraftvolleres und aufrichtigeres Leben führen möchten- und sie wissen nicht, wie sie das tun sollen oder blockieren sich.

Viele von euch werden immer noch krank wegen der kranken Welt, in der ihr lebt. Viele barmherzige Menschen werden immer noch krank, weil sie nicht die einzigen gesunden Menschen sein wollen - und sie könnten das sein. Einige von euch heiligen Menschen, einige von euch sollten endlich aufhören damit, die Krankheit der Welt zu tragen, und stattdessen beginnen, euch eurer Gesundheit zu erfreuen. Als ich Bulimie hatte, habe ich damit einen tiefen Konflikt meiner Seele ausgedrückt, und nicht nur einen Konflikt. Bulimie drückt die Gratwanderung der Seele zwischen Leben und Tod aus - du kannst weder leben noch sterben, was ein sehr schmerzhafter Zustand ist. Dieser Schmerz drückte den Schmerz meiner Seele über die Liebe aus.

When you were stopped by your parents or by your schoolteachers, you tried other expressions - so you got sick, very rebellious, angry or you just wanted to die, or all of it. Many children wanted to die in those moments and still do, because they believe that this is the only way to go home to their soul. Most of the children give in and try to become adults. Legastheny is the cry of a child: stop, I am still growing, I do not want to enter your world, I want to stay close to my soul!!

Nothing is more dramatic and tragic for a child than when it feels it has lost communication with its soul. The fantasy of children, their ingenuity, their creativity comes from the closeness to soul.

This closeness to soul is paradise, it is closeness to God, because the soul knows God, even in its deepest pains. Yes, a soul can also be in pain, exactly when she feels distant from you. And the only way she thinks she will bring you closer to her is through sickness, a dramatic event, an accident or a near death experience.

Many of the young men and women who do this white water rafting, bungie jumping and other extreme sports have an unconscious motive of wanting to be close to soul - that is why they feel so good about

Nun, es gibt einen anderen Weg der Seele, auszudrücken, was sie zum Ausdruck bringen möchte - und das ist durch wertvolle Information, wertvollen Ausdruck. Deine Seele, dein innerstes Sein, möchte sprechen, möchte etwas sagen. Als du ein Kind warst, hast du ein Stück Papier genommen, hast ein paar Linien (nicht perfekt) gezogen und ein bißchen ein bißchen Farbe genommen, um dich auszudrücken. Du mußtest das tun - und auf diesen Bildern war alles zu sehen: Traurigkeit und Freude, Furcht und Lachen.

Als du daran gehindert wurdest, durch deine Eltern oder die Schullehrer, hast du andere Formen des Ausdrucks gesucht - du bist krank geworden oder sehr wütend, ärgerlich, du wolltest sterben oder alles zusammen. Viele Kinder wollten in dieser Zeit sterben und wollen es immer noch, weil sie glauben, daß dies der einzige Weg ist, nach Hause zu ihrer Seele zu kommen. Die meisten Kinder geben dann nach und versuchen, Erwachsene zu werden. Legasthenie ist ein Schrei des Kindes: Halt, ich wachse noch immer, ich will nicht in eure Welt gehen, ich will ganz nahe bei meiner Seele bleiben!!

Nichts ist dramatischer und tragischer für ein Kind, als wenn es das Gefühl hat, daß es

About Health	Über Gesundheit

themselves when they have done it. It is not only the adrenaline, they followed an inner need to express themselves and in this way hope to open the door to the soul. Unfortunately, this is a very dangerous and addictive approach and is NOT the preference of your soul! Your soul seeks to be revealed through some positive expression of yourself, as happened when you were a child. You can still paint or write what is on your soul. Just grab a piece of paper and write down (no need for perfection ...please!!) what is „on your soul". Do it every morning - and your soul will rejoice and will support you.

DO NOT CENSURE yourself. Your soul might write about things you would not write about - LET HER WRITE, whatever she wants to write - do not send it to anybody or read it to anybody. It is your private expression.

Of course you can also paint picture or you can play music and hear music. You can HEAR music as an expression of your soul, and you will hear this music differently. You can DANCE to this music as an expression of your soul. You can READ a book as an expression of your soul, you can go through a forest as an expression of your soul - and of course, you can LOVE as an

die Verbindung zu seiner Seele verloren hat. Die Phantasie der Kinder, ihre Genialität, ihre Kreativität kommen von der Nähe zur Seele.

Diese Nähe zur Seele ist das Paradies, es ist die Nähe zu Gott, weil die Seele Gott kennt, sogar in ihren größten Schmerzen. Ja, auch eine Seele kann Schmerz empfinden, besonders dann, wenn sie sich weit entfernt von dir fühlt. Und sie denkt, die einzige Art, die dich näher zu ihr bringt, ist durch Krankheit, ein dramatisches Ereignis, ein ein Unfall oder eine Nahtoderfahrung.

Viele von den jungen Männern und Frauen, die dieses Wildwasserrafting machen, Bungiejumping und andere extreme Sportarten - haben das unbewußte Motiv, der Seele nahe zu sein - das ist der Grund, warum sie sich dann so gut über sich selbst fühlen, wenn sie es getan haben - es ist nicht nur das Adrenalin - sie folgten einem inneren Druck, sich selbst auszudrücken, und hoffen, die Tür zu ihrer Seele öffnen zu können. Unglücklicherweise ist dies eine sehr gefährliche und süchtigmachende Annäherung. Diese Vorgehensweise ist nicht die, die deine Seele bevorzugt.

Deine Seele möchte von dir gefunden werden durch einen positiven Ausdruck deiner selbst, so wie du es tatest, als du ein Kind

expression of your soul.
What is important is to invite your soul to participate. This is not always easy, because your soul has its own ways - she does not like to be checked or controlled - and you need to let her lead you - just as in a dance. Your soul is moving your body - not YOU, because YOU have so many evaluations and judgements about what is right or wrong - your soul does not like and she will retreat if you act like that.
Have at least ONE hour with your soul every day and listen to what SHE wants to do, say, express, how she wants to move, to paint, how she wants to go through a forest. Maybe she wants you to take off your shoes and walk very, very slowly and make a stop at every flower and smell her. Now this might be very contrary to what you wanted to do, because you wanted to do a power walk and not stop anywhere.
But in this hour, at least in this one hour, you let your soul have the lead ... ok?
When you love somebody, even when you are in bed with somebody, at least for some precious time, let your SOUL have the lead - and maybe you can even convince your partner to „do" the same, just to „not do" and let soul.
Even when your partner wants to stay in

warst. Du kannst immer noch malen, du kannst immer noch schreiben, was dir auf der Seele liegt. Hol dir einfach ein Stück Papier und schreibe nieder (ohne perfekt sein zu wollen ... bitte!!), was dir „auf der Seele liegt". Mach das jeden Morgen, und deine Seele wird sich freuen und dich unterstützen.
ZENSIERE DICH NICHT. Deine Seele möchte möglicherweise über Dinge schreiben, über die du nicht schreiben würdest. LASS SIE SCHREIBEN, WAS IMMER SIE SCHREIBEN MÖCHTE - schick dies niemandem und lies es auch niemandem vor. Es ist dein ganz persönlicher Ausdruck.

Natürlich kannst du mit ihr ein Bild malen oder du kannst Musik spielen oder kannst Musik hören. Du kannst Musik hören als Ausdruck deiner Seele, dann hörst du diese Musik auch ganz anders als sonst. Du kannst tanzen zu dieser Musik als Ausdruck deiner Seele. Du kannst ein Buch lesen als Ausdruck deiner Seele, Du kannst durch einen Wald gehen als Ausdruck deiner Seele - und natürlich, du kannst LIEBEN als Ausdruck deiner Seele.
Wichtig ist: Lade deine Seele ein, teilzunehmen. Es ist nicht leicht manchmal - weil deine Seele ihre eigenen Wege hat - sie

About Health	Über Gesundheit
control, just let your soul speak and eventually he/she will melt, but be prepared that he/she might run out of the bedroom for the first time or two! So also ask your soul to include the reality of your partner and to be gentle in her gentleness. The soul of the Earth, the Earth you live in momentarily, also wants to express herself. Your Earth wants to become one with her soul and Higher Self like you. She seeks her originality like you. There are many earths it is true, and in one of these earths you could see me. It is an Earth, where those in body form and those not in body form are sitting at ONE table, eating a different kind of food and drinking a different drink. This is the Earth which will come. Then you can see me, touch me while you are in body form and I am in body form, yet both are different from the body you have now. Jasmuheen in her way wants to lead us there, and prepare our bodies for a different kind of food in preparation for this „other Earth". But there are more steps than just changing your diet, of course. This is what the bible said that in this Earth those who are in body and those who have died will awake to each other and celebrate a new Earth. There is an Earth where everything is intact	möchte nicht kontrolliert oder überprüft werden - du mußt dich von ihr führen lassen -wie in einem Tanz. Deine Seele bewegt deinen Körper, nicht du. Weil du alle diese Bewertungen und Urteile hast, was falsch oder richtig ist -und deine Seele mag das nicht, und sie wird sich zurückziehen, wenn du es tust. Nimm dir für deine Seele wenigstens eine Stunde jeden Tag und höre zu, was sie tun will, sagen will, ausdrücken will, wie sie sich bewegen will, malen, wie sie durch einen Wald gehen möchte. Vielleicht möchte sie, daß du deine Schuhe ausziehst und sehr, sehr langsam gehst und bei jeder Blume halt machst und an ihr riechst. Nun, das ist möglicherweise sehr anders als das, was du tun wolltest, weil du einen Gewaltmarsch machen und nicht überall anhalten wolltest. Aber wenigstens in dieser einen Stunde laß deine Seele dich führen ...ja? Wenn du jemanden liebst, sogar wenn du mit jemandem ins Bett gehst, zumindest für ein paar kostbare Momente, überlaß deiner SEELE die Führung - und vielleicht kannst du sogar deinen Partner davon überzeugen, dasselbe zu „tun", einfach „nicht zu tun" und die Seele machen zu lassen. Aber auch wenn dein Partner die Kontrolle

- it exists. And there is an Earth of vision. But also there is the Earth Nostradamus predicted, and this Earth also exists, but fortunately you have left this Earth. There is an Earth too where Hitler won all wars, but you have changed and left that Earth as well, congratulations! Do you understand?

It is hard to understand, but it is only because of what you choose to learn and what you wish to enjoy that you live on „the Earth" you do and you are moving to an Earth where we can all fall into each others arms. Until then, I will speak to and through you, will prepare the path and one day you will awake and be there. You have chosen all this for your very own reasons, so do not be upset with yourself, but instead respect yourself for what you have accomplished so far.

Do not take your outside world as too REAL. She is not, she is real in her dream, in her matrix, in her conception, and the way she was conceived by God to be - a place of growth and enjoyment, a place of the mystery of creation.

There is this Earth Play and there are other plays in the universe in a cosmic jubilation and triumph, in unspeakable joy and love where creation loves itself. And this love is

behalten will, laß du deine Seele sprechen, und schließlich wird er oder sie schmelzen - aber sei auch vorbereitet, daß er oder sie aus dem Schlafzimmer rennt beim ersten oder zweiten Mal - also bitte deine Seele, die Situation deines Partners zu berücksichtigen und sanft zu sein in ihrer Sanftheit.

Die Seele der Erde, die Erde, auf der du momentan lebst, möchte sich auch ausdrücken. Eure Erde möchte eins mit ihrer eignen Seele werden und eins mit ihrem Höheren Selbst, so wie ihr auch. Sie sucht nach ihrem Ursprung wie ihr. Es gibt da draußen viele Erden, das ist wahr, und in einer der Erden könntet ihr mich sehen. Das ist eine Erde, wo die in körperlicher Form und solch in nichtkörperlichen Form an einem Tisch sitzen, und sie essen eine andere Speise und sie trinken einen anderen Trank.

Das ist die Erde, die kommen wird. Dann kannst du mich sehen, kannst mich berühren - und du bist in körperlicher Form, und ich bin in körperlicher Form, aber beide Körper sind verschieden von den Körpern, die ihr jetzt habt. Jashmuheen in ihrer Art möchte auch dahin führen, sie möchte die Körper vorbereiten für eine andere Art von Nahrung, für diese andere Erde. Aber es gibt da mehr Schritte zu tun, als nur die

beyond everything, it is the base, the everlasting foundation from beginning to beginning, the eternal expansion, the eternal laughter and happiness.

Please try to understand...and if it is hard for you to understand then just let yourself be touched by the melody of my words. You do not have to understand to go to the „next" Earth - just give your soul time and space for her own expression ...

I left your world in order to be able to prepare you for and to receive you in the next world ... take what time you need to make the leap ... you have left so many earths and worlds ... not by death, but through shifts in consciousness.

When I had fulfilled my mission I went the way you wanted it and expected it ... and I stayed on in my mission ... my lifetime was only a drop in the eternal sea ... not very significant and very significant ... as is everything in the universe ...

I left in a tunnel and for others I came out on the other side ... though not for you.

For you I came out in another world.

And I am closer to you than I have ever been.

Diät zu verändern - natürlich.

Das ist es, was die Bibel sagt, daß diejenigen in körperlicher Form und die, die gestorben sind, zueinander erwachen und die neue Erde feiern werden.

Es gibt eine Erde, wo alles intakt ist, diese Erde existiert. Es gibt eine Erde der Vision. Aber es gibt auch die Erde, die Nostradamus vorhergesagt hat, und diese Erde existiert auch, aber ihr habt glücklicherweise diese Erde schon verlassen. Da gibt es eine Erde, wo Hitler alle Kriege gewonnen hat, aber ihr habt euch verändert und diese Erde auch schon verlassen, herzlichen Glückwunsch! Versteht ihr?

Es ist schwer zu verstehen - aber ihr lebt nur auf dieser Erde wegen der Dinge, die ihr lernen und an denen ihr euch erfreuen wollt - und ihr bewegt euch auf eine Erde zu, wo wir uns gegenseitig in die Arme fallen - und bis dahin werde ich zu und durch euch sprechen, werde den Weg vorbereiten -und eines Tages werdet ihr erwachen und ihr werdet da sein. Ihr habt das aus sehr persönlichen Gründen gewählt - so seid also nicht böse mit euch selbst, sondern respektiert euch dafür, was ihr bis jetzt erreicht habt. Nehmt die äußere Welt nicht für zu REAL. Sie ist es nicht, sie ist real in ihrem Traum, in ihrer Matrix, in ihrer Konzeption, so wie

sie von Gott gedacht war - als ein Ort des Wachstums und der Freude, als ein Ort des Mysteriums der Schöpfung.

Es gibt das Erdenspiel. Es gibt dieses Erdenspiel, und es gibt andere Spiele im Universum in einem kosmischen Jubel und Triumph, in einer unaussprechlichen Freude und Liebe, wo die Schöpfung sich selbst liebt. Und diese Liebe ist jenseits von allem, sie ist die Basis, das ewige Fundament von Anbeginn zu Anbeginn, die ewige Ausdehnung, das ewige Lachen und die ewige Freude.

Bitte versteht ... und wenn es euch schwer fällt, zu verstehen, dann laßt euch einfach von der Melodie meiner Worte berühren. Ihr müßt nicht verstehen, um zur „nächsten" Erde zu gelangen.

Gib deiner Seele einfach Zeit und Raum für ihren Ausdruck ...

Ich habe eure Welt verlassen, um in der Lage zu sein, euch für die nächste Welt vorzubereiten und euch dort zu empfangen ... wie lange ihr auch immer brauchen werdet, um die bisherige zu verlassen und zu springen ... ihr habt schon so viele Erden und Welten verlassen ... nicht durch Tod, sondern durch Bewußtwerdung.

Als ich meine Mission erfüllt hatte, bin ich den Weg gegangen, den ihr wolltet und

erwartet habt ... ich blieb in meiner Mission ... mein Leben war nur ein Tropfen im ewigen Meer ... nicht sehr bedeutsam und doch sehr bedeutsam ... wie alles im Universum ...

Ich bin in einem Tunnel verschwunden, für andere kam ich auf der anderen Seite wieder heraus ... doch nicht für euch.

Für euch kam ich in einer anderen Welt heraus.

Und ich bin euch näher, als ich es jemals war.

The true Magicians of England
(August 6th '99)

England has a magical tradition and a tradition of magicians both black and white. I want to talk about the new magic and the new magicians. They are neither black nor white, these are the godly magicians, the dreamers, the visionaries. These magicians go to places of power - inside and sometimes also outside — a power which is always lead by love and an understanding of creation.

It was and is given to King Arthur to understand creation, to understand God's dream for the universe. In the purity of his heart and the openness of his mind, he was open to receive good knowledge from everywhere. The Holy Grail was a metaphor of a human being as a vessel filled with a magical drink, a magical liquid - the blood of the Holy one. That this blood - the multidimensional Mandala and mantra of Creation - be held

Englands wahre Magier
(6. August '99)

England hat eine magische Tradition und eine Tradition von Magiern, schwarzen und weißen. Ich möchte über die neue Magie sprechen, die neuen Magier. Sie sind weder weiß noch schwarz, dies sind göttliche Magier, Träumer, Visionäre. Diese Magier gehen zu Orten der Kraft - innerlich und manchmal auch außen — einer Kraft, die immer von Liebe und dem Verständnis der Schöpfung geleitet ist.

Es war und ist König Artus gegeben, die Schöpfung und Gottes Traum vom Universum zu verstehen. In der Reinheit seines Herzens und der Weite seines Geistes, war er offen dafür, reines Wissen von überallher zu empfangen. Der Heilige Gral war ein Sinnbild für ein menschliches Wesen, das einem Gefäß gleich mit einem magischen Trank gefüllt ist, mit einer magischen Flüssigkeit - dem Blut des Heiligen. Es war das tiefste Verlangen Gottes, daß dieses Blut als das viele Dimensionen umfassende Mandala und als das Mantra der Schöpfung von einem Körper, von einem Gefäß gehalten wird. Es ist es immer noch.

Das Gefäß wächst, von Erde zu Erde, und wartet darauf, vom „Blut" gefüllt zu werden

by a body, by a vessel - this was the deepest desire of God. It still is. The vessel is growing from Earth to Earth and it is waiting to be filled by the „blood" - this is the wedding heaven and Earth is waiting for. In this moment the cornerstone descends and the Pyramid moves around its axis and shows a path to a new heaven - the heaven of the seven stars as a doorway to the seven dimensions which each hold seven more dimensions. This blood holds the world formula your physicians are seeking, but the vessel must be right. And the vessel, the Grail, is the Earth, the new Earth, the next Earth. She is the cup which receives the „blood".

The true magicians of England understand what I am saying. This is one of the connections between Egypt and England, which I have prepared with my life and death, and the love which held both together. When the blood touches the vessel the rose arises. Every act of deep love between a man and a woman is a filling of the vessel, it is the filled cup rising up to heaven as an offering of love. This is what Jesus celebrated with his disciples the evening before his death and life.

When the cup is be back in God's hands, then the Earth is new.

About Animals, Plants, Minerals and the true Magic of Life
(August 17th '99)

Animals are your friends, plants hope you understand them. Minerals know your name. As a human being you are in deepest relationship to everything. Even when you meet a wild animal, a tiger, a panther, if you look into its eyes you can find the soul of a friend. No animal will ever attack you if you understand it, when you come as an understanding friend. Most people are very arrogant towards animals - I never could be.

I know they are much wiser and rely much more on themselves than human beings. When you are in your centre, when you are close to creation, you understand, you hear and talk with animals and with plants. You can talk to the rain, the clouds, the sun and to the moon - and then you will also understand children. When I was a child I passionately collected pictures of animals - and I could talk to them. I communicated with them as with any „living" animal, because I connected to the pictures, and when somebody said, it is just a picture, I was incredulous.

Pictures are doors of the mind to the real

Von Tieren, Pflanzen, Steinen und der wahren Magie des Lebens
(17. August '99)

Die Tiere sind eure Freunde, die Pflanzen hoffen, daß ihr sie versteht. Die Steine kennen deinen Namen. Als ein menschliches Wesen hast du eine tiefe Beziehung zu allem, was ist. Sogar wenn du einem wilden Tier begegnest, einem Tiger, einem Panther, und in seine Augen blickst, kannst du die Seele eines Freundes finden. Kein Tier wird dich jemals angreifen, wenn du es verstehst, wenn du dich ihm als verständnisvoller Freund näherst. Die meisten Menschen sind Tieren gegenüber sehr arrogant - das konnte ich nie sein.

Ich weiß, daß sie sehr viel weiser sind und sehr viel mehr in sich ruhen als Menschen. Wenn du in deinem Zentrum bist, wenn du der Schöpfung nahe bist, dann verstehst du, dann hörst du die Tiere und sprichst mit ihnen - und auch mit Pflanzen. Du kannst mit dem Regen sprechen, mit den Wolken, mit der Sonne, dem Mond - und dann wirst du auch Kinder verstehen. Als Kind habe ich leidenschaftlich Tierbilder gesammelt - und ich konnte mit ihnen sprechen, habe mich mit ihnen wie mit einem „lebendigen"

thing ... if one is open. You can talk with a picture as with a real thing -... children always do ... children take magical paths through their picture books and fairy tales ... magic journeys. They connect with areas and realms where they are very different beings, more themselves. Realms where their treasures are and where they feel powerful - powerful enough to be able to cope with difficult things in their lives. Never take children's fantasies away - they need them to survive. In these magical children stories there is so much strength and even adults could live their daily lives much better, if they allowed themselves beautiful, uplifting books, great fantasies and movies of power and beauty.

How I love Michael. He stayed as a child with his eyes wide open, always looking out for the „magic" - he needed the magic to survive his childhood - and so he shares so much magic with millions of people. He reminds all the children of the world „you are not forgotten" - there is a world out there, which loves you, there is a Magic which comforts you, which gives you strength.

Love and Magic are companions... Magic makes love strong ... and magic gets people

Tier unterhalten - weil ich mich mit den Bildern verband, und wenn jemand sagte, das ist doch nur ein Bild, schaute ich ihn ungläubig an.

Bilder sind Tore zum wirklichen Leben ... wenn man dafür offen ist. Man kann mit einem Bild sprechen wie mit etwas ganz Realem - Kinder tun das immer ... Kinder gehen magische Wege durch ihre Bilder- und Märchenbücher hindurch ... es sind magische Reisen. Sie verbinden sich mit Gebieten und Ebenen, wo sie anders sind, andere Wesen, wo sie mehr sie selbst sind. Es sind Ebenen, wo ihre Schätze liegen und wo sie sich stark fühlen - stark genug, um es mit den Schwierigkeiten des Lebens aufzunehmen. Nehmt den Kindern nie ihre Fantasien weg - sie brauchen diese, um zu überleben. In diesen magischen Kindergeschichten ist soviel Stärke - und sogar Erwachsene könnten ihren Lebensalltag viel besser bewältigen, wenn sie sich schöne und erhebende Bücher gestatten würden, großartige Erlebnisse der Fantasie, Filme von Stärke und Schönheit.

Wie sehr ich doch Michael (Jackson) liebe. Er blieb ein Kind, mit seinen Augen so weit geöffnet, immer Ausschau haltend nach dem „Magischen" - er brauchte das Magische, um seine Kindheit zu überleben - und jetzt

closer to creation, closer to the heart of God, so that they feel the magic of creation in every cell, every nerve ... this is what Magic is.

This is innocent magic, godly magic - not the black and white magic of wizards. It is natural. I quite often visited Zoos - I visited the animals there but I also saw how much the animals suffer.

All animals are happy when they can be what they are and be where they belong - like human beings.

Every creature, every plant, everything on Earth has a purpose, even every cancer cell, every bacteria, virus - they all want to live. They all have a purpose. You might think their purpose is bad - but it is only bad for YOU! Not for the bacteria, not for the virus.

The immune system is rather different to the usual scientific explanation. The strength of your immune system, the preservation of your life purpose, is in direct proportion to your acceptance of the right to life of all creatures. The hunters of the past, - the first hunters such as the farmers and pathfinders

teilt er diese Magie mit Millionen von Menschen. Er erinnert alle Kinder der Welt: „Ihr seid nicht vergessen" - da draußen ist eine Welt, die euch liebt, da ist eine Magie, die euch tröstet und euch Kraft gibt.

Liebe und Magie sind Weggefährten ... Magie macht Liebe stark ... und Magie bringt die Menschen der Schöpfung näher, näher zum Herzen Gottes, so daß sie die Magie der Schöpfung in jeder Zelle, in jedem Nerv spüren ... das ist, was Magie ist.

Das ist unschuldige Magie, göttliche Magie - nicht die schwarze oder weiße von Zauberern. Sie ist natürlich.

Ich habe ziemlich oft zoologische Gärten besucht - ich habe dort die Tiere besucht, aber ich sah auch, wieviel sie erduldeten.

Alle Tiere sind glücklich, wenn sie sein können, was sie sind, und dort sind, wo sie hingehören - so wie Menschen auch.

Jedes Geschöpf, jede Pflanze, alles auf Erden hat einen Lebenszweck, sogar jede Krebszelle, jede Bakterie, jeder Virus - sie alle möchten leben. Sie haben alle eine Lebensabsicht. Du meinst nun vielleicht,

-they were innocent. They respected and were respected in their purpose, and so they had a strong immune system. The immune system weakens if you loose the understanding of creation or you force others to do so or you are forced to loose it if you loose your own purpose, loose your meaning of life. Aids started in Africa and was widespread at the time colonialism was at its height. This was when the integrity and purpose of the native inhabitants of these countries where diminished, distorted or destroyed.

A strong immune system goes hand in hand with a strong and positive life purpose. I myself got sick when I felt I was failing my purpose, when I lost myself, when I lost the connection with my inner truth - to the way I loved, with the way I actually was.

I wished to keep my children in their worlds as long as possible, in the worlds of children, in their magic, as I could and did meet them there Nothing is more beautiful for children than mum and dad being able to visit them - VISIT not INTRUDE! - in their worlds.

The true power of this world is called „ecstasy" - ecstasy is the biggest door to

creation and to creating. Sisters and brothers to „ecstasy" are „fascination", „the pleasure" of learning, „dance", music, fantasy. — The renewal of the Earth is progressing in these ways... connected to goodness, truth and integrity.
As always these things can also be distorted into evil.
Soul is always connected to your very unique and personal magical world. Love is the energy, the true light - and magic travels on love from human being to human being, from animal to animal, from plant to plant, from plant to animal, from animal to human being and so on.

The connection of SOUL, MAGIC and LOVE is the MYSTERY of Life - this is the way life unfolds, this is the innermost magic of life creating itself out of itself.

Good and helpful inventions come out of this good and godly magic of life.

Cultures, in their uniquenesses should never die. Human soul cannot accept equalisation, because this is against nature, and it weakens any immune system. If you try to equalise people you kill them - be it putting them into uniforms or to extinguish their

als ich die Verbindung zu meiner inneren Wahrheit verlor, zu der Art, wie ich liebte, zu der Art, wie ich war.

Ich wollte meine Kinder so lange wie möglich in ihrer Welt lassen, in der Welt der Kinder, in ihrer Magie - und ich konnte ihnen dort begegnen und begegnete ihnen dort. Für Kinder ist nichts schöner, als wenn Mama und Papa in der Lage sind, sie in ihren Welten zu besuchen - zu besuchen und nicht in sie einzudringen!

Die wahre Kraft dieser Welt wird „Ekstase" genannt - Ekstase ist das größte Tor zur Schöpfung und zum Erschaffen. Schwestern und Brüder der „Ekstase" sind „die Faszination", „ das Vergnügen" zu lernen, „Tanz", „Musik" und „Fantasie" —— die Erneuerung der Erde kommt durch diese voran ... verbunden mit Güte, Wahrheit und Integrität.
Aber wie immer können auch diese Dinge zum Bösen hin verzerrt werden.
Die Seele ist immer verbunden mit deiner ganz einzigartigen persönlichen magischen Welt. Liebe ist die Energie, das wahre Licht -und das Magische reist auf den Schwingen der Liebe von einem Menschenwesen zum anderen, von Tier zu Tier, von Pflanze zu

traditions in order to get them to equally accept another. They do not understand and therefore cannot develop any uniqueness.

I do not talk here about „traditions" which can be cruel or discriminatory. A „tradition" like the castration of women was never within the plan of creation,. and certainly never in the Heart of God. It came out of a confusion in the understanding of sexuality and womanhood. what is done to the girls is terrible and this will and must change. This is not a sign of human dignity - it is human dignity which holds the power of the NEW world, human dignity, human uniqueness, human goodness.
When human dignity is broken or damaged, illnesses, strife and wars occur.
What is human dignity?
Human dignity is nurtured by respect of another's uniqueness and integrity, his/her purpose in life, his/her magical world and the expressions of ones soul. There are forces in your world which by all means want to break human dignity - they tried to break mine and still do. They use the power of money, media-power, spiritual power, even the power of food and drink. This power gets people addicted and makes them break

Pflanze, von Pflanze zum Tier, vom Tier zum Menschen und so weiter.

Die Verbindung von SEELE, MAGIE und LIEBE ist das Mysterium des Lebens -es ist die Art, wie Leben sich entfaltet, es ist die innerste Magie des Lebens, das sich selbst aus sich selbst heraus erschafft.

Gute und hilfreiche Erfindungen entstehen aus dieser guten und göttlichen Lebensmagie.

Kulturen sollten in ihrer Einzigartigkeit niemals untergehen. Die Menschenseele kann Gleichmacherei nicht akzeptieren, weil das gegen ihre Natur ist und das Immunsystem schwächt. Wenn man versucht, Menschen gleichzumachen, tötet man sie - ob man sie in Uniformen steckt oder ihre Tradition auslöscht, damit sie im Zuge der Gleichmacherei etwas (Neues) annehmen, was sie gar nicht verstehen und sich dadurch ihre Einzigartigkeit erst gar nicht entwikkelt.

Ich spreche hier nicht von „Traditionen", die grausam oder diskriminierend sind. Eine „Tradition" wie die Beschneidung von Frauen war niemals im Plan der Schöpfung

and forget their integrity, people who willingly let themselves kill slowly and even pay for it.

90% of this good chocolate you give to your children contains poison which is called alcohol. Chocolate is said to be healthy, because there is „milk" in it- and milk is good for people. Alcohol is a preservative and taste enhancer. When people are addicted to whatever they are open for manipulation. There is „addiction" on many levels, also on the levels of thinking and „spirituality".

If you have kept your magic, regained it, or restored it, you cannot become manipulated - and you SEE....!

vorgesehen, niemals im Herzen Gottes - sie kam aus einem völlig verdrehten Verständnis von Sexualität und Weiblichkeit. Es ist schrecklich, was diesen Mädchen angetan wird - und das wird und muß sich ändern. Dies ist ganz und gar kein Zeichen von Würde, - denn es ist die menschliche Würde, die die Stärke der Neuen Welt ausmacht, Menschenwürde, menschliche Einzigartigkeit und menschliche Güte. Wenn menschliche Würde gebrochen oder verletzt wird, kommt es zu Krankheit, Kampf und Krieg.

Was ist Menschenwürde?

Menschenwürde wird genährt vom Respekt vor der Einzigartigkeit und Integrität des anderen, vor seiner/ihrer Lebensaufgabe, vor seiner/ihrer magischen Welt und vor der Weise, wie jemand seiner Seele Ausdruck verleiht. Es gibt Kräfte in eurer Welt, die unter allen Umständen die Würde des Menschen brechen wollen - sie wollten meine brechen und tun das immer noch. Dadurch wollen sie die Oberhand gewinnen mit Geld, der Macht der Medien, geistiger Beeinflussung und der Macht über Essen und Trinken. Diese Macht läßt Menschen danach süchtig werden, ihre eigene Integrität zu verletzen und sie zu vergessen, sich willig langsam töten zu lassen und

dafür auch noch bezahlen.

90% dieser guten Schokolade, die ihr euren Kindern gebt, enthält ein Gift, das Alkohol genannt wird. Es ist Schokolade, von der gesagt wird, sie sei gesund, weil „Milch" drin sei - und Milch sei gut für Menschen. Alkohol wird hier verwendet als Konservierungsmittel und Geschmacksverstärker. Wenn Menschen süchtig sind - nach was auch immer - dann sind sie offen für Manipulation. Es gibt „Sucht" auf vielen Ebenen, auch im Bereich des Denkens und der „Spiritualität".

Wenn du dir deine Magie bewahrt oder sie wiedererlangt und erneuert hast, kannst du nicht mehr manipuliert werden - und du SIEHST ...!

Die folgenden Farbseiten laden Sie zu einem kleinen Spaziergang über die *Grünen Hügel* Englands ein - zu jenem Ort, der das Herz-Zentrum der Erde genannt wird: das einstige Avalon und heutige Glastonbury im Süden des Landes.

Die Aufnahmen entstanden 1999 am Abbey-Ground, Chalice Well und Tor.

Die letzte Seite zeigt den Kreuzgang der Krönungskathedrale von Salisbury.

The Earthquake in Turkey
August 19th '99

The Earthquakes in Turkey. It is terrible for those who lost loved ones and those who are wounded and still in shock and for those who died it was terrible in the time of their death - it is not terrible any more. Yes, the Earth shakes. Yes, the Earth will shake.
As I said in my first book*, the Earth will shake for you - she is trembling. The Earth herself is a living, breathing entity - she is not a thing. And just as you tremble when sad things happen, so the Earth trembles when things happen to her, like wars, famine and ethnic cleanings. She is trembling and she cannot help it, she is crying tears and burning in holy anger, she is raging in her passion for peace and freedom - she is not so different from you - she IS you. She is not your enemy, she hopes that you tremble with her, she hopes that you cry tears with her. You see, the Earth wants to experience the joy of life as you do, she is deeply in love with her animals and plants, with the minerals, with the elements, with her oceans - she is deeply in love with her beauty and she is deeply love with YOU, yes YOU. For aeons she had hoped that those whom she admired so much, those she loved so much,

* „Diana - There is still something I would like to tell you", published by ch.falk-publ. • p. 63

would have protected her more, would have done more loving things for her, would have given HER hope for the best outcome. She loves you, the human beings, for what you can become as loving, responsible, caring beings, who respect the Earth's integrity and love God and understand creation in its structures of cause and effect.

She HEARS the cries of tortured children, men and women, mutilated by landmines and bombs, she FEELS any cynical attempt to further exploit her and senses it as pain. She would like those who do all this to wake up or that somebody wakes up and really sees, but most people complain and mourn and nobody is there to explain what is really is happening.

Very few people will tell you that the movements of the Earth comes from exploiting oil and gas, minerals and water from her belly. The oil and the other elements once stabilised big holes and caves in the depth of the Earth, but when the oil is gone, these caves are threatened with collapse. Most of the tragedies, landslides, fires, earthquakes, storms come from human negligence - but who will tell you that? When there are no trees left to secure the ground, it moves. Many fires are kindled on

*A well known man, who organizes Miss World elections

tiefer Liebe zu dir, ja zu dir. Seit Urzeiten hofft sie, daß die, die sie so sehr bewundert, die, die sie so sehr liebt, sie endlich mehr beschützen, sie liebevoller behandeln, ihr die Hoffnung geben, daß sich alles zum Besten wendet. Sie liebt euch, euch Menschen als die, die ihr werden und sein könntet -Liebende, verantwortliche, fürsorgliche Wesen, die die Seinsweise der Erde respektieren, Gott lieben und die Schöpfung in ihrer Struktur von Ursache und Wirkung verstehen.

Sie hört die Schreie der gequälten Kinder, Männer und Frauen, die durch Landminen und Streubomben verstümmelt werden, sie fühlt jeden zynischen Versuch, sie mehr auszubeuten, sie fühlt dies als Schmerz. Sie will, daß alle, die dies tun, aufwachen oder daß jemand aufwacht und es sieht - aber die meisten Menschen beklagen sich und jammern, und niemand ist da, der offen sagt, was wirklich passiert.

Sehr wenige Menschen werden euch sagen, daß die Bewegungen der Erde von der Öl- und Gasausbeutung kommen, vom (übermäßigen) Abbau von Mineralien und Wasser aus ihrem Bauch. Das Öl und die anderen Grundstoffe haben große Höhlen und Hohlräume im Inneren der Erde stabilisiert; doch wenn das Öl herausgepumpt ist,

purpose, storms are generated by climate changes through human interference in nature - the Earth reacts, yes indeed, she reacts. But the Earth, as I said, is not only a physical being, she is also a consciousness - and if she gets the feeling that you are willing to change your behaviour she will do everything to heal and be healed. The Earth LOVES you, but she wants you to wake up.

There are people, organisations, companies who do not care. As I have said and I say it again - they do not care about life, neither do they care about death - they care about nothing but their power. This is all they identify as „Life" and they enjoy what they can do to human beings and to the Earth. They smile and gloat over peoples' tragedies - they are beyond all compassion, every feeling and emotion. They only believe in the physical - for them there is no God, no Earth, no love. They do not feel themselves, they only feel the „pleasure" of killing, of oppression, destruction and of their power to take what they want.

What R.R.* is doing to these young girls is terrible. And this is only one example. They believe him, they believe, that he will offer them a wonderful career, in which they can show their beauty, and be who they are.

drohen die Höhlen einzufallen. Die meisten Tragödien, wie Erdrutsche, Feuer, Erdbeben und Stürme, kommen von der menschlichen Leichtfertigkeit - aber wer sagt euch das? Wenn es keine Bäume mehr gibt, die den Boden festhalten, dann bewegt er sich, und viele Brände werden absichtlich gelegt. Stürme werden durch klimatische Veränderungen erzeugt, ihre Ursache liegt im menschlichen Eingriff in die Natur - die Erde reagiert, ja, sie reagiert, das ist wahr. Aber die Erde, wie ich schon sagte, ist nicht nur ein physisches Wesen, sie ist auch ein Bewußtsein - und wenn sie merkt, daß ihr willens bist, euer Verhalten zu ändern, wird sie alles tun, um zu heilen und geheilt zu werden. Die Erde liebt euch, aber sie möchte auch, daß ihr aufwacht.

Es gibt Leute, Organisationen und Firmen, die sich um nichts dergleichen kümmern. Wie ich schon sagte, und ich sage es wieder - sie kümmern sich nicht um Leben, und sie kümmern sich auch nicht um den Tod - sie machen sich um nichts Gedanken als um ihre Macht. Sie allein bedeutet für sie „Leben", sie weiden sich daran, was sie den Menschen und der Erde antun können. Sie lächeln schadenfroh im Angesicht menschlicher Tragödien - sie sind jenseits jeglichen Mitgefühls. Sie glauben nur an das Materi-

*Ein bekannter Organisator von Miss-World-Wahlen

Some of these young women, in their innocence, want to encourage others to live life, to care, to be honest and responsible with their bodies. They are truly wonderful in their hearts and they love beauty and want to show it. But he and many of his kind want to take their innocence, their hopes and dreams -that's why they initiate such events as „Miss" elections. This is nothing but rape and slaughter, slaughter of the soul, slaughter of the spirit - and they will pay for that.

The Earth also loves them and also wants them to wake up, but there is a time coming, when they will loose their power and the Earth will identify them and cleanse herself of them. I have seen them during my lifetime(s) and see them much better now. In some ways I died because of them - they are my enemies and always have been. They thought they had spotted me, but now I have slipped out of their grasp.

They are the enemies of all goodness, love, tenderness. They are the enemies of the true and godly magicians, and they are the enemies of the Table Round - the Table Round which will move again and sweep the Earth as never before.

You know, God is on the move, God loves the Earth, God hears the desperate prayers

elle - für sie gibt es keinen Gott, keine Erde, keine Liebe. Sie fühlen sich selbst gar nicht, sie fühlen nur das „Vergnügen" zu töten, zu unterdrücken, zu zerstören und ihre Macht, sich zu nehmen, was sie wollen.

Was R.R.* diesen jungen Mädchen antut, ist schrecklich. Und das ist nur ein Beispiel. Sie glauben ihm, sie glauben, daß er ihnen den Weg zu einer wunderbaren Karriere ebnet, in der sie ihre Schönheit zeigen können, in der sie sein können, wer sie sind - und einige dieser jungen Frauen, in ihrer Schönheit, wollen andere ermutigen, das Leben wirklich zu leben und mit ihrem Körper fürsorglich, ehrlich und verantwortlich umzugehen. Sie sind wahrlich wundervoll in ihrem Herzen. Sie lieben Schönheit und wollen diese zeigen. Aber er und viele von seiner Art wollen ihnen ihre Unschuld nehmen, ihre Hoffnungen und Träume - das ist der Grund, warum sie diese Ereignisse anzetteln, die „Miss-Wahlen" genannt werde. Diese sind nichts anderes als Vergewaltigungen und Schlachtfeste, ein Schlachten der Seele, ein Schlachten des Geistes - und sie (diese Männer) werden dafür bezahlen!

Die Erde liebt auch diese, sie möchte, daß auch sie aufwachen - aber es wird eine Zeit kommen, da werden sie ihre Macht verlie-

of Mother Earth and God will act, because many of you have prayed and pray. God hears the cries of his people, God is personal, God IS - and „He" is all LOVE, all GOODNESS, all HOLYNESS. And this HOLYNESS WILL encompass with all those who have prepared themselves - whether living in physical form or not. God/Goddess will take them all in His/Her arms, sweep through the particles and matrixes of creation, through the molecules of consciousness - and all that cannot match up His/Her integrity will leave this planet. And it is already happening.

They, the grey ones, will have their „Earth", a planet of doom and gloom, where they can do to what they like to each other, but you will be on another Earth - and these earths are now separating. This separation is a time of transition - a time of tears, depression and lost hopes and dreams, of farewell but also a time of much compassion, of much joy, of much tenderness and care, of victory - and many hearts will awaken. And we here, yes we, we love you so much, we reach out for you, see our open hands, hear our tender calls, when we shout your names - WE ARE HERE for you, in a SAFE PLACE - just open your inner eyes a little bit more and you can see us, you can see me.

ren, und die Erde wird sie ausfindig machen und sich ihrer entledigen. Ich habe solche Leute schon zu meinen Lebzeiten erkannt, und von hier aus sehe ich sie noch viel besser. In mancher Weise waren sie der Grund meines Todes - sie sind meine Feinde, sie waren es schon immer. Sie dachten, sie hätten mich eingekreist - aber ich bin ihren Fingern entschlüpft.

Sie sind der Feind aller Güte, Liebe und Zärtlichkeit, sie sind der Feind der wahren Magier Gottes, und sie sind der Feind der Tafelrunde - jener Tafelrunde, die sich wieder erheben und die Erde reinfegen wird wie nie zuvor.

Wißt ihr, Gott ist im Aufbruch, Gott liebt die Erde, Gott hört die verzweifelten Gebete der Mutter Erde, und Gott wird handeln, weil viele von euch gebetet haben und weiter beten. Gott hört die Schreie seines Volkes, Gott ist sehr persönlich, Gott IST - und „er" ist vollkommene LIEBE, vollkommene GÜTE, vollkommene HEILIGKEIT. Und diese HEILIGKEIT WIRD zusammen mit all denen vorangehen, die sich vorbereitet haben - ob sie nun in einem Körper leben oder nicht. Gott/Göttin wird sie alle in ihre/seine Arme nehmen, durch die Partikel und Muster der Schöpfung hindurchfegen, durch die Moleküle des Bewußtseins - und

The Earthquake in Turkey	Das Erdbeben in der Türkei
Yes, I am here, I am, here for all of you. DO YOU UNDERSTAND, loved ones? Just decide, on which Earth you want to live, say it loudly in your day dreams, go into the night with your prayer, talk with me, talk with us - „us" are all those striving for the goodness. Look into your history books, look into legends - they are ALL true, when they talk about those heroic wonderful beings who knew God and were fighting for the best - women and men - some you know, some you still admire, you still visit their holy places, you know their lines of power, you know their promises and mighty predictions of God's power coming back to Earth - in and through them - and in and through YOU, yes YOU. DO YOU KNOW, who you really ARE? We know many of you, we know more about you than just your name. You are our blood brothers and sisters, yes you are - you have just decided to LIVE right now in a PHYSICAL form. You are not a normal human being - no, you are not. You might have forgotten, you might think you are powerless. But - if you are willing - we will help you restore your power - the power the Earth deserves, this power of Goodness, of Truth and Integrity. A power of true LIFE and of RESTORATION.	alles, was seiner/ihrer Integrität nicht entsprechen kann, wird den Planeten verlassen. Und das geschieht bereits jetzt. Sie, diese „Grauen", werden ihre „Erde" bekommen, einen Planeten voller Haß und Verachtung, auf dem sie sich gegenseitig antun, was sie sich antun wollen - aber ihr werdet auf einer anderen Erde leben - und die beiden Erden trennen sich voneinander. Diese Trennung ist eine Zeit des Durchgangs - eine Zeit der Tränen, der Depressionen, eine Zeit der verlorenen Hoffnungen und der aufgegebenen Träume, eine Zeit des Abschieds - aber auch die Zeit von großem Mitgefühl, großer Freude, voller Zärtlichkeit und Fürsorge, die Zeit des Sieges - und viele Herzen werden aufwachen. Und wir hier, ja wir, wir lieben euch so über alles, wir versuchen, euch zu erreichen, seht unsere offenen Hände, hört unsere zärtlichen Rufe, wenn wir euren Namen rufen - WIR SIND DA für euch, an einem SICHEREN ORT - öffnet einfach eure inneren Augen ein wenig mehr und ihr könnt uns sehen, ihr könnt mich sehen. Ja, ich bin hier, ich bin da für euch alle. VERSTEHT IHR, ihr Geliebten? Entscheidet euch einfach, auf welcher Erde ihr leben wollt, sagt es laut hinein in eure Tagträume, nehmt es mit in eure Gebete zur Nacht, sprecht mit

We are here, longing for you to reach out and hold our hands so we can go together. This is why I am here - I cannot and will not reveal all our names nor what we REALLY are right now. But there will be a time when we openly proclaim who we are and - who YOU are.
And I will tell you who I AM.

mir, sprecht mit uns - „uns", das sind all jene, die für das Gute kämpfen - schaut in die Geschichtsbücher, lest die Legenden - sie sind ALLE wahr, wenn sie von all den wunderbaren heldenhaften Geschöpfen schreiben, die Gott kannten und für das Gute kämpften - Frauen und Männer - einige kennt ihr, einige bewundert ihr noch immer, ihr besucht noch immer ihre heiligen Plätze, ihr kennt ihre Kraftlinien, ihr kennt ihre Verheißungen und machtvollen Prophezeiungen davon, daß die Macht Gottes auf die Erde zurückkehren wird - in ihnen und durch sie - und in DIR und durch DICH, ja, durch DICH.
WEISST DU, wer du wirklich bist? Wir kennen viele von euch, wir wissen mehr von euch als nur euren Namen. Ihr seid unsere Blutsbrüder und Blutsschwestern, ja, ihr seid es - ihr habt euch nur dafür entschieden, jetzt in einer körperlichen Form zu leben. Du bist nicht nur ein gewöhnliches menschliches Wesen - nein, ganz und gar nicht. Möglicherweise hast du das vergessen, möglicherweise denkst du, daß du machtlos bist. Aber - wenn du willens bist - werden wir dir helfen, deine Macht zurückzugewinnen - die Macht, die die Erde verdient, diese Macht der Güte, der Wahrheit und der Lauterkeit. Eine Macht des wahren

LEBENS und der ERNEUERUNG.
Wir sind hier, wir sehnen uns danach, daß du uns entgegenkommst und unsere Hand ergreifst, damit wir zusammen gehen können. Das ist der Grund, warum ich hier bin - ich kann und will auch nicht alle unsere Namen hier nennen, noch sagen, wer wir WIRKLICH sind. Aber es wird die Zeit kommen, da wir öffentlich verkündigen werden, wer wir sind und - wer DU bist. Und ich werde dir sagen, wer ICH BIN.

Man and Woman in the New Creation. The Power of true Love

August 20th '99

Question:

What role does the relationship between man and woman play in the coming times?

Diana:

What it has always played. This Earth where I lived so many lifetimes and you live now - this Earth is in many ways kept, nurtured, cared for by the love between men and women. Not only because of having babies and maintaining the race. Men and woman come from ONE soul, ONE soul which wants to be recreated and stay together.

It is about fusion, it is about melting, it is about creating new consciousness. A new baby is born, but also, a new consciousness comes into the world. Souls are created out of joy, out of deep love, out of what you call sexuality, which is a strange word, because it sounds so hard and technical for something so soft, so deep and beautiful. When man and woman come

together their souls unite into a new soul and this is why it is so terribly hard and sad when you separate from somebody you love. If a man and a woman love each other and they become so deeply involved and affect each other so deeply that their bodies melt into one then a new soul, a new consciousness is created - and maybe, a new human being.

This is one of the holiest mysteries this creation has to offer. This kind of depth, this kind of conscious sexuality and love - I want to call it *LOVE* from here on - is seldom practised in your world.

Throughout my lifetimes I was seeking for this kind of *LOVE*, because I knew it would bring me into deep understanding of who I really am and who my partner is, how the world is and who God is. I wanted to experience God through *LOVE* - and in fact, this is why *LOVE* is created. It is a very direct avenue to the heart of God, to the heart of creation - not the only one, but a very direct one.

LOVE opens a field of dreams, of inspiration, joy, of vision and wonders that you have no idea of yet. Many insights you seek, many „channelled" inspirations, successful visions, happy manifestations just come naturally from *LOVE*, if it is kept and done in a so

pure and holy way. That is why the relationship between men and women is so crucial for the coming times. If there are only a handful who can come together, who know about the nature and value of *LOVE*, keep this holy and royal area clean and experience the ecstasy of this holy of holies - such people can do a lot for themselves and for the world.

Question:
Do there exist forces which seek to prevent and have prevented this kind of *LOVE*?

Diana:
Of course. The holier something is in your world, the more it is attacked, the more it is laughed at, treated with cynicism and distorted. I have experienced this very, very painfully throughout my last lifetime. Even my love with Dodi, which was this „real *LOVE*" was very much attacked. There was so much jealousy, so much rage against us - we often felt it. I felt it, although Dodi was not so affected by it, but I felt it. One reason I have chosen (amongst others) to go was because they would not have left us in peace. We would have been such a strong role model for *LOVE*, this dangerous beautiful *LOVE*. They would not let us or

sichten, die ihr sucht, viel „gechannelte" Inspiration, erfolgreiche Visionen, glückliche Manifestationen kommen ganz natürlich aus *LIEBE*, wenn sie so rein und heilig bewahrt und gelebt wird, wie sie ist. Daher ist die Beziehung zwischen Mann und Frau so ausschlaggebend für die kommenden Zeiten. Und wenn es nur eine Handvoll Menschen sind, die zusammenkommen können und um die Natur und den Wert der *LIEBE* wissen, Menschen, die diesen heiligen und majestätischen Bereich sauber halten und die Ekstase dieses Allerheiligsten erfahren - sie können viel tun -für sich selbst und für die Welt.

Frage:
Gibt es Kräfte, die diese Art von *LIEBE* verhinderten und immer noch verhindern?

Diana:
Ja, natürlich. Je heiliger etwas in eurer Welt ist, umso mehr wird es angegriffen, umso mehr wird es verlacht, mit Zynismus belegt und verzerrt. Ich habe das in meinem letzten Leben sehr, sehr schmerzvoll erlebt . Sogar meine Liebe zu Dodi, die die wahre *LIEBE* war, wurde sehr angegriffen. Da war so viel Neid, so viel Wut gegen uns - wir haben das oft gespürt, ich spürte es. Dodi

our *LOVE* or our both stay alive - we both knew that. Also Dodi's father knew it, maybe not consciously, but he felt this rage and anger directed towards his family, towards his son - that is why he is still seeking out the people responsible for our death. At one level he feels he is right, and yes, on that level he IS. There were those who were very happy about our death, especially because they understood the role of our *LOVE*, and that it was a threat to the maintenance of their power. They would not have allowed it. Mohammed felt and feels it, and this is why he gets no peace.

We would like to do all we can in helping you Father Mohammed to confirm that your feelings are correct, that we love you so dearly and that we see and feel your pain. Yes, they hated us, like they hate you, this is true - and we went, please understand, because we wanted to go. We went before they could harm us or separate us and they would have tried EVERYTHING to separate us and harm us. We went because this was the only way we felt we could protect our love. You knew that we had been in danger and that is why you think we were murdered, but we slipped through their fingers. They do not triumph over us, in

war davon nicht so sehr berührt, ich fühlte es dafür umso mehr. Ein Grund, warum ich mich entschieden habe, zu gehen, war die Überzeugung, daß sie uns nicht in Ruhe gelassen hätten. Wir wären zu einem solchen Vorbild für *LIEBE* geworden, dieser gefährlichen, schönen *LIEBE*, sie hätten weder uns noch unsere *LIEBE*, noch beides am Leben gelassen - wir wußten das. Auch Dodis Vater war sich darüber im Klaren. Vielleicht war er sich dessen nicht voll bewußt, aber auch er fühlte die Wut und den Ärger gegen seine Familie, gegen seinen Sohn - deshalb sucht er immer noch nach den Leuten, die für unseren Tod verantwortlich waren - und auf einer Ebene fühlt er, daß er recht hat - und, ja, auf dieser Ebene HAT er recht. Es gab da Menschen, die glücklich über unseren Tod waren, ganz besonders deshalb, weil sie die Rolle unserer *LIEBE* verstanden, und was für eine Bedeutung sie im Hinblick auf die Erhaltung ihrer Macht gehabt hätte. Sie hätten sie nicht erlaubt. Mohamed fühlte und fühlt dies. Deshalb kommt er nicht zur Ruhe.

Wir würden gerne alles in unserer Macht stehende für Dich tun, Vater Mohamed, Dir deutlich machen, daß Deine Gefühle korrekt sind, daß wir Dich zutiefst lieben,

fact we *LOVE* each other even more here - in a safe place. And we are with you, always. We love you, Father Mohammed, we love you, love you - and we want to comfort you, as much as we can.

I now know there are more ways to protect *LOVE*, that I did not about know then. The secret services were always around us, tried to catch every word we said, every embrace we had. They knew about the „danger" of our *LOVE* which was so much more dangerous than my love for Charles, because this was also the *LOVE* between England and Egypt, between a MAN and a WOMAN, a *LOVE* which moves stones and breaks walls. A *LOVE* which connects and melts, mending the fiery lines of the Earth and the fibres of love in the hearts of men and women. The HEART is pounding again and a new circulation of blood nurtures the flesh and bones of the Earth, so she can arise and be who SHE IS.
Those who have ears hear what I say, those who have eyes see what I show you.

There are forces in your world (and therefore in some ways also within you) who want by any means to hinder you to experience and do *LOVE* in the way it was created. Men are

daß wir Deinen Schmerz sehen und fühlen können. Ja, sie hassten uns, wie sie dich hassen, das ist wahr. Bitte verstehe - wir sind gegangen, weil wir gehen **wollten**. Wir gingen, bevor sie uns etwas antun oder uns trennen konnten - und sie hätten ALLES versucht, uns zu trennen oder uns Schaden zuzufügen. Wir gingen, weil dies die einzige Art war, von der wir dachten, daß sie unsere *LIEBE* schützt. Du wußtest, daß wir in Gefahr waren und deshalb denkst du, wir seien umgebracht worden - aber wir schlüpften durch ihre Finger. Sie triumphieren nicht über uns. Tatsächlich *LIEBEN* wir uns hier noch so viel mehr - an einem sicheren Ort. Und wir sind bei immer bei Dir. Wir lieben Dich, Vater Mohamed, wir lieben Dich, wir lieben Dich - und wir möchten Dich trösten, so gut wir können.

Ich weiß jetzt, daß es noch andere Wege gibt, die *LIEBE* zu schützen, aber das wußte ich damals nicht. Der Geheimdienst war immer um uns herum, versuchte jedes Wort zu erhaschen, das wir sagten, jede Umarmung - sie wußten um die „Gefahr" unserer *LIEBE*, die so viel gefährlicher war als meine *LIEBE* zu Charles - weil es auch die *LIEBE* zwischen England und Ägypten war, zwischen einem MANN und einer FRAU,

attacked by a chauvinism which goes very deep and is maintained by the media, education, politics, „philosophy" and history. Women suffer daily rape and humiliation - in the media too - through common behaviour of men and much more hurtful: with their own partners, who do not want to understand and experience *LOVE*, because they fear the godliness in themselves too much. Such an experience would open their eyes and show them what has been and still is being done to the Earth, to the world, to creation. *LOVE* opens your eyes - and you need enough courage to want to wake up, otherwise you will never experience deep love. *LOVE* is awake and it awakens you. But *LOVE* also awakes you to the magical beauty of the Earth and of yourself.

LOVE has enormous healing values. If you really *LOVE*, a stream of very potent hormones and enzymes flood your body. Your whole body gets massaged from the inside, as it were, and it dives into a sea of love and spirit. This sweeps through your molecules, through the particles and matrixes of your being - it is called "orgasm" which is an interesting word, because in it there are words like organ, like original, like orgon, which all describe the source of life

eine *LIEBE*, die Steine bewegt und Mauern zum Einsturz bringt. Eine *LIEBE*, die verbindet und verschmilzt, die die Feuerlinien der Erde und das Gewebe der *LIEBE* in den Herzen von Männern und Frauen wiederherstellt. Das HERZ schlägt wieder und ein neuer Blutkreislauf nährt das Fleisch und die Gebeine der Erde, so daß sie sich wieder erheben kann und die sein kann, die SIE IST. Die, die Ohren haben, hören, was ich sagen will; die, die Augen haben, sehen, was ich euch zeigen möchte.

Es gibt Kräfte in eurer Welt (und daher auch in gewisser Weise in euch), die euch unter allen Umständen daran hindern wollen, die *LIEBE* so zu erfahren und zu leben, wie sie erschaffen wurde. Die Männer werden von einem Chauvinismus attackiert, der sehr tief geht und von den Medien, der Erziehung, Politik, „Philosophie" und Geschichte aufrechterhalten wird. Die Frauen erleiden täglich Gewalt und Erniedrigung, auch durch die Medien, durch das gewöhnliche Benehmen der Männer und, was noch viel verletzender ist, durch ihre eigenen Partner, die die *LIEBE* weder verstehen noch erfahren wollen - sie fürchten sich zu sehr vor ihrer eigenen Göttlichkeit. Es würde ihnen ihre Augen öffnen und ihnen zei-

- and yes being in *LOVE* you connect with the source of LIFE.

But *LOVE* moves forward in your world. SHE cannot be stopped, SHE cannot be hindered - yet around her, at the periphery, there are still these ugly faces of the old ways of rape, infidelity, scorn and cynicism, oppression and jealousy, fundamentalism and the dying chauvinism, fear of intimacy and fear of awakening - they try to stop *LOVE*, they want to „survive" but they cannot. They will loose their power and they know it. Because *LOVE* is of God. And God is on the move. „He" cannot be stopped.

And when you *LOVE* you cannot be stopped. But you need to persist. Persistence is the main protection of *LOVE*. Whenever you fall, you get up, you smile, you are getting happy again and you go on LOVING, because you know IT IS THE RIGHT THING to do. You need to decide and value this decision as a very precious treasure nobody can take from you. It is enough if only YOU believe in it, even if you are not able to share it with anybody right now.

You can make your belief in *LOVE* even stronger when you seek beauty wherever you can find her - in nature, in music, in

gen, was der Erde, der Welt, der Schöpfung angetan wird und angetan wurde. *LIEBE* öffnet eure Augen - und ihr müßt genug Mut haben, aufwachen zu wollen - sonst werdet ihr niemals tiefe *LIEBE* erfahren. Die *LIEBE* ist wach und sie weckt dich auf. Aber *LIEBE* erweckt dich auch zur magischen Schönheit der Erde und deiner selbst. *LIEBE* hat einen enormen Heilungswert. Wenn du wirklich LIEBST, dann wird dein Körper durchflutet von einem Strom sehr wertvoller Hormone und Enzyme, dein ganzer Körper wird von innen her sozusagen massiert und taucht in ein Meer von Liebe und Geist. Er strömt durch deine Moleküle, durch die Partikel und Grundmuster deines Seins. Das wird Orgasmus genannt - was ein interessantes Wort ist, weil darin Worte wie Organ, Original, Orgon - die alle die Quelle des Lebens beschreiben - enthalten sind. Und, ja, wenn du in der *LIEBE* bist, bist du auch verbunden mit der Quelle des Lebens.

Aber die *LIEBE* breitet sich in eurer Welt aus. Sie kann nicht aufgehalten werden, sie kann nicht daran gehindert werden. Um sie herum, an ihrer Peripherie, tauchen die häßlichen alten Gesichter der alten Verhaltensweisen wie Gewalt, Untreue, Spott und Zynismus, Unterdrückung und Eifersucht,

dance, in good friendship. Wherever you can find beauty, be thankful for it. Smell every rose you find, see these beautiful clouds in the sky, let yourself be caressed by the warmth of the sun and the soft tender light of the moon.

There is still so much beauty in your world, seek beauty and you will find more protection for your *LOVE*.

Another protection for *LOVE*, of course, is your relationship with God. In my lifetime, I always felt and knew that there was a difference between the God of the churches and the GOD to whom I prayed. I was visiting churches and chapels often, to pray or just to sit there, to come to peace with myself. I liked the smell of peace there, the quietness and the high ceiling, the space, the coolness - I felt the people coming to pray here.

But I also prayed in nature, before I went to sleep in my bed and I talked to God in my diaries. I had a very personal relationship with God and God was not male for me. God was the hands that sometimes touched me in the middle of the night, or early in the morning. God was a lap I could snuggle

Fundamentalismus und der sterbende Chauvinismus, die Furcht vor Nähe und die Furcht vor dem Erwachen auf. Sie versuchen, die *LIEBE* aufzuhalten, sie wollen „überleben", aber sie können es nicht. Sie sind drauf und dran ihre Macht verlieren, und sie wissen das. Das alles geschieht, weil die *LIEBE* von Gott kommt. Und Gott ist auf dem Vormarsch. „Er" kann nicht aufgehalten werden.

Und wenn du *LIEBST*, kannst auch du nicht aufgehalten werden. Aber du mußt beharrlich sein. Beharrlichkeit ist der Hauptschutz der *LIEBE*. Wann immer du fällst, stehst du wieder auf, lächelst, bist wieder glücklich und bleibst dabei, zu *LIEBE*N, weil du weißt, daß es DAS RICHTIGE ist. Du mußt dich dafür entscheiden und diese Entscheidung auch als einen sehr kostbaren Schatz wertschätzen, den dir niemand wegnehmen kann. Es genügt, wenn nur DU daran glaubst, selbst wenn du momentan nicht in der Lage bist, ihn mit jemand anderem zu teilen.

Du kannst deinen Glauben an die *LIEBE* sogar noch viel stärker machen, wenn du die Schönheit suchst, wo immer du sie finden kannst - in der Natur, in der Musik, im

into, God was the smell of a summer meadow. God was there when I had a baby in my arms. I never separated God from anything, God was everywhere where there was beauty. God was in my dance, God was in the people of Bosnia, Pakistan, India - people I touched, people I laughed and cried with.

And sometimes, yes, I felt alienated from God. This was often in or after hurtful discussions with people I loved and I found myself being careless, when somebody changed their love to criticism and judgement of me. This sometimes happened in my family, often with Charles and others, but never with Dodi, never with my sons. If this happened, a coldness crept into my life, mixed with fear and arrogance, and then I felt far from God, and shuddered and my whole body was in pain. Then I tried to eat, at least to be nurtured by food, but this was not what I needed, so I threw up and so on - until I found beauty, a smile, a song. Music helped me a lot and brought me back to God, back to trust. Through music my friends talked to me - Elton, Michael, Pavarotti, Janis, Donovan and John Lennon with „Imagine…". Whenever I heard Michael's song „Heal the world …" I could

Tanz, in einer guten Freundschaft. Wo immer du Schönheit findest, sei dankbar dafür. Rieche an jeder Rose, die du finden kannst, betrachte diese wundervollen Wolken am Himmel, laß dich von der Wärme der Sonne verwöhnen und vom weichen, sanften Licht des Mondes.

Es gibt noch immer soviel Schönheit in eurer Welt. Sucht nach Schönheit und ihr werdet mehr Schutz für eure *LIEBE* finden.

Ein anderer Schutz der *LIEBE* ist natürlich deine Beziehung zu Gott. Bereits zu meinen Lebzeiten habe ich immer gefühlt und gewußt, daß da ein Unterschied bestand zwischen dem Gott der Kirchen und dem GOTT, zu dem ich betete. Ich habe oft Kirchen und Kapellen besucht, um dort zu beten oder einfach nur um dort zu sitzen, um zum inneren Frieden zu kommen. Ich liebte den Duft des Friedens, ich liebte die Ruhe, die hohen Decken, den Raum, die Kühle - ich fühlte die Menschen, die hierher kamen, um zu beten.

Aber ich habe auch in der Natur gebetet, ich habe gebetet, bevor ich ins Bett ging, ich sprach mit Gott in meinen Tagebüchern - ich hatte ein sehr persönliches Verhältnis zu

at least cry, which was a sign that life revived in me and in the end I could smile again and felt closer to life and to God. Thank you, Michael, dear one.
Whenever I experienced carelessness, cynicism or hurtful strife, I froze, I shuddered - it was as if I were enclosed by walls of ice, and I knew how painful it must be to be locked up in this place. The bible also states that at the „end of days" love will wax cold and the distance between man and God will be greater.

But this is not the whole truth - there are many who are longing for the melting of the ice and the warmth and loving kindness between man and woman, between God and mankind and between all human beings. These people do and will make the difference and they will change the course of the future.

Gott - und Gott war für mich nicht männlich. Gott war die Hände, die mich manchmal mitten in der Nacht oder früh am Morgen berührten, Gott war der Schoß, in den ich mich einkuscheln konnte, Gott war der Duft einer Sommerwiese, Gott war da, wenn ich ein Baby in meinen Armen trug. Ich sah Gott nie als etwas Getrenntes an. Gott war da, überall. Überall dort, wo Schönheit war. Gott war mein Tanz. Gott lebte in den Menschen von Bosnien, Pakistan und Indien - Menschen, die ich berührte, Menschen, mit denen ich gelacht und geweint habe.

Und, ja, manchmal fühlte ich mich auch weit weg von Gott. Das geschah häufig während oder nach schmerzlichen Diskussionen mit Menschen, die ich liebte. Es geschah immer dann, wenn ich mich selbst als verletzend empfand oder wenn jemand seine oder ihre Liebe zu mir in Kritik und Vorurteil veränderte. Es passierte manchmal in meiner Familie, häufig mit Charles und mit anderen, niemals mit Dodi, niemals mit meinen Söhnen.
Wenn so etwas geschah, kroch eine Kälte in mein Leben, gemischt mit Furcht und Arroganz - und dann fühlte ich mich weit weg von Gott. Ich schauderte und mein ganzer

Körper war voller Schmerz. Dann versuchte ich zu essen, damit ich zumindest dadurch Nahrung erhielt, aber es war nicht das, was ich brauchte, und so übergab ich mich und so weiter. Das ging so lange, bis ich wieder zur Schönheit zurückfand, zu einem Lächeln, zu einem Musikstück. Musik half mir sehr viel, sie brachte mich wieder Gott nahe und meinem Vertrauen. Durch die Musik sprachen meine Freunde mit mir, Elton, Michael, Pavarotti, Janis, Donovan, John Lennon mit „Imagine ...". Wann immer ich Michaels Lied hörte: „Heal the world...", konnte ich wenigstens weinen, was ein Zeichen dafür war, daß das Leben in mich zurückkehrte, und schließlich konnte ich wieder lachen und fühlte mich näher am Leben und bei Gott. Danke, Michael, mein Lieber.

Wann immer ich Gedankenlosigkeit, Zynismus oder verletzende Streitereien erlebte, wurde ich zum Eisblock. Ich schauderte, es war, als ob ich umschlossen sei von Wänden aus Eis. Ich erlebte am eigenen Leibe, wie schmerzhaft es wohl sein mußte, an einem solchen Ort dauerhaft gefangen zu sein.

Das ist es, was auch in der Bibel beschrieben ist, daß am „Ende der Tage" die Liebe

erkalten und die Entfernung zwischen Mensch und Mensch und Mensch und Gott noch größer wird.

Aber das ist ja nicht die ganze Wahrheit. Es gibt so viele, die sich danach sehnen, daß das Eis schmilzt. Sie sehnen sich nach der Wärme und liebevollen Nähe zwischen Mann und Frau, zwischen Gott und Menschheit und zwischen allen menschlichen Wesen. Diese Menschen machen jetzt und in der Zukunft den entscheidenden Unterschied aus, und sie werden den Lauf der Zukunft verändern.

About the Love between all Human Beings and all Nations
August 20th '99

Question:
What about the love between people, between all human beings in the future?

Diana:
Human beings in general could love each other much more than they do. They have every reason to love, because they know each other not only from this lifetime but from many lifetimes - and some of you people had hundreds and thousands of lifetimes. So you loved many, and many will come into your life now and make you think: I know this person, but I don't know from where ... and you feel love towards this person. Many people from different ethnic backgrounds can love each other and live with together, because in another lifetime they had the same ethnic background. You have been many races, each of you. This is why it is so ridiculous to judge a person or reject a person of another race, another religion, another political or societal system. It is even harmful, because you might reject your own sister, brother or lover from

another life.

This rejection and judgements are born from ego, from discrimination in educational systems, from manipulative power trips, from fundamentalism and philosophical, even spiritual rigidities, fanatism and alienation from God and creation. This is not human. It is human to love every human being - maybe not always in the same way, but basically to love each other as the brothers and sisters, which you in fact are!

Imagine if you were taken to another solar system to another planet, where they have intelligent creatures, but these look like ice-cold metal frogs. Would you not love your fellow human being, if one of them were to appear on this planet? You would accept him or her gladly as a brother or sister and you would fall in each other's arms, even if you were a Serb and the other a Croatian, or you one a Protestant and the other an Irish catholic, or one might be a Palestinian and the other a Jew. „Differences" would not be important at all, you would just be very happy to be able to talk to somebody - and you would experience you both being part of the human family and be very happy, wouldn't you?

From here, I see your soul, I see the light of

Folgen, weil du möglicherweise deine eigene Schwester, deinen Bruder oder Geliebten aus einem anderen Leben ablehnst.

Diese Ablehnung, die Vorurteile sind aus dem Ego geboren, aus einer diskriminierenden Erziehung, aus manipulativen Machtspielen, aus Fundamentalismus und philosophischer, sogar spiritueller Ausschließlichkeit, Fanatismus und aus der Entfremdung von Gott und von der Schöpfung. Das ist nicht menschlich. Es ist menschlich, jedes menschliche Wesen zu lieben - nicht immer genau gleich, aber grundsätzlich sich gegenseitig zu lieben als Brüder und Schwestern, die ihr im Grunde seid.

Stell dir vor, man nähme dich zu einem anderen Sonnensystem, zu einem anderen Planeten mit, wo es intelligente Wesen gibt, die aber wie eiskalte Metallfrösche aussehen. Hättest du etwas dagegen, deine Mitmenschen zu lieben, wenn einer von ihnen auf diesem Planeten auftauchte? Du würdest ihn oder sie mit großer Freude als Bruder oder Schwester annehmen und voller Freude würdet ihr euch in die Arme fallen, sogar wenn du ein Serbe wärst und der andere ein Kroate, oder wenn du ein protestantischer und der andere ein katholischer Ire wäre, oder wenn du ein Palästinenser wärst und der andere ein Jude. „Un-

your spirit, I see the beauty of the golden nugget you all are - you are all truly spiritual, you are all seeking life, truth and happiness - you ALL ARE! This is human nature - humans are exploring their beauty - this is why they are on Earth - to explore their beauty, their talents, their ingenuity, their ways to love and create — everything else is ego, distorted mind, false education and power trips. It is a waste of time! And time is valuable! It is such a treasure! Time is beautiful, to have time, to have space, to breathe, to walk, to talk, to communicate, to touch, to love, to experience beauty. If you would all only focus on that, even for just one day, your life would be changed and the Earth would be changed in a twinkling of an eye. Many of you want „to go home", be „one with God" - and this is exactly what I have just described.

If you do that then you ARE home!! Then you ARE one with God. YOU DO NOT NEED TO DIE IN ORDER TO GO HOME - YOU CAN GO HOME AND LIVE. „Going home" means to go home to the real meaning of creation - how the human „experience" always was meant to be. Then you feel at home. You live and feel at home. You die and feel at home. You are at home.

terschiede" würden überhaupt nicht wichtig sein, du wärst ganz einfach nur sehr glücklich, mit jemandem sprechen zu können - und ihr würdet die Erfahrung machen, daß ihr beide ein Teil der menschlichen Familie seid, und würdet darüber sehr glücklich sein, nicht wahr?

Von hier aus betrachte ich eure Seele, erkenne ich das Licht eures Geistes, sehe ich die Schönheit des goldenen Kerns, der ihr alle seid -die Menschen erforschen ihre Schönheit - darum sind sie auf der Erde -, um ihre Schönheit zu erforschen, ihre Talente, ihre Genialität, Arten und Weisen zu lieben und zu erschaffen — alles andere ist Ego, fehlgeleiteter Geist, falsche Erziehung und Machtspiele. Es ist Zeitverschwendung! Und Zeit ist kostbar! Sie ist ein solcher Schatz! Zeit ist wundervoll. Es ist wundervoll, Zeit zu haben, Raum zu haben, zu atmen, zu gehen, zu sprechen, sich auszutauschen und zu berühren, zu lieben, Schönheit zu erleben. Wenn ihr euch alle nur darauf ausrichten würdet, nur für einen Tag, wäre euer Leben verändert, und die Erde wäre verändert, in einem Augenblick. Viele von euch wollen „heimgehen" und „eins sein mit Gott" - und das ist genau, was ich eben beschrieben habe. Wenn ihr das tut, dann SEID ihr zu Hause!! Dann SEID

Start feeling at home! Let go of your judgements about each other, reach out, shake hands, see behind differences, see what binds you all together - a LOVE which is greater than loving relationships only between those who have the same background, philosophy or whatever. If you could live that LOVE more, you would stop torturing each other so much, you would stop haunting each other because of old debts, of old and unforgiven events, of differences you so carefully nurture in order to stay distant from your fellow humans. People of the world, there is so much to enjoy in one another, so much uniqueness - and rather than enjoying your uniqueness, you so often focus on your differences - privately, socially, globally.

Turn the wheel around! Support everything that heals, that unites and forgives! Be generous, write off the debts release the bonds and heavy chains you have put around each other's necks. Why do you do that? Why do you put so much pressure on yourself and others - there is no reason except for old habits and distrust. Not trusting in the fact that LOVE is the greatest force and that GOD lives and cares for you. **You still fight for your life rather than**

ihr eins mit Gott.

Ihr braucht nicht zu sterben, um nach Hause zu gehen - ihr könnt nach Hause gehen und leben!

„Nach Hause zu gehen" heißt, zu der wahren Bedeutung von Schöpfung heimzukehren - so, wie die menschliche „Erfahrung" immer gemeint war. Dann fühlt ihr euch daheim. Du lebst und fühlst dich zu Hause. Du stirbst und fühlst dich zu Hause. Du fühlst dich zu Hause.

Beginnt damit, euch zu Hause zu fühlen! Laßt die Urteile gehen, die ihr voneinander habt, gebt und schüttelt euch die Hände, schaut über die Unterschiede hinweg, seht, was euch alle zusammenschweißt - eine *LIEBE*, die größer ist als die *LIEBE* zwischen denen, die dieselbe Herkunft, dieselbe Philosophie oder ähnliche Gemeinsamkeiten haben.

Wenn ihr diese *LIEBE* mehr leben könntet, würdet ihr aufhören, euch gegenseitig so sehr zu quälen. Ihr würdet aufhören, euch gegenseitig alter Schulden, alter nicht vergebener Vorkommnisse, alter Differenzen wegen zu verfolgen, Dinge, die ihr so sorgsam nährt, um euch damit von euren Mitmenschen zu distanzieren. Menschen dieser Welt! Da gibt es so vieles aneinander zu genießen - so viel Einzigartigkeit - und

receive it. **Start to receive life - it is a gift!**

Receive life, be gentle and forgiving, enjoy yourself and others and do good. Than you are in heaven, you are home.

anstatt eure Einzigartigkeiten zu genießen, konzentriert ihr euch so oft auf eure Unterschiede - privat, gesellschaftlich, weltweit.

Bringt das Rad in Schwung! Unterstützt alles, was heilt, was zusammenfügt, was vereinigt, was vergibt! Seid großzügig, schreibt die Schulden ab, löst die Fesseln und die schweren Ketten, die ihr euch gegenseitig um den Nacken gelegt habt. Warum tut ihr das, warum übt ihr soviel Druck auf euch selbst und andere aus? Dafür gibt es keinen anderen Grund als alte Gewohnheiten und Mißtrauen, Mißtrauen gegenüber der Tatsache, daß *LIEBE* die größte Kraft ist und daß GOTT lebt und für euch sorgt.

Ihr kämpft immer noch um euer Leben anstatt es zu empfangen. Beginnt das Leben zu empfangen - es ist ein Geschenk!

Empfangt das Leben, seid sanft und vergebt, genießt euch selbst und andere, tut Gutes. Dann seid ihr im Himmel. Dann seid ihr zu Hause.

„Drink the Water of Life!"
August 22nd '99

Drink the water of life. It is the spirit touching you every day, every night. When you think of me, when you look at a picture, when you ask: Where are you? I will say: I am here. You might need to ask several times, maybe put some music on, be in silence, wait ... and then I am there. You need some time not because I am not hearing you or do not answer, but sometimes you need time to hear. Sometimes there are thick dark clouds over the Earth, ... even when there is sunshine. Most of these clouds come from sadness, hopelessness, tragedies and also from the cynicism and negativity in the media and in the minds of people. Sometimes it is stronger, sometimes it is not so strong. Storms are created to blow these clouds away, storms of the passion of soul - within you. Your soul is passionate, she will be heard, she will communicate with us, she wants to have an impact, she wants to have a new Earth. Yes, your soul wants to move

„Trinkt das Wasser des Lebens!"
22. August '99

Trinkt das Wasser des Lebens! Es ist der Geist, der dich jeden Tag berührt, jede Nacht. Wenn du an mich denkst, wenn du ein Bild von mir anschaust, wenn du fragst: „Wo bist du?" Dann werde ich sagen: „Ich bin hier." Möglichweise mußt du mehrmals fragen, lege vielleicht etwas Musik auf, geh in die Stille, warte ... und dann bin ich da. Du brauchst ein wenig Zeit ... nicht, weil ich dich nicht höre oder dir nicht antworte - aber manchmal brauchst du Zeit, um zu hören - manchmal sind da dicke, dunkle Wolken über der Erde ... sogar wenn Sonnenschein herrscht. Die meisten dieser Wolken kommen von Trauer, Hoffnungslosigkeit, Tragödien und auch vom Zynismus und der Negativität in den Medien, in den Köpfen der Menschen. Manchmal ist es stärker, manchmal ist es weniger stark. Stürme - die Stürme der Leidenschaft der Seele - sind dazu da, diese Wolken in euch wegzublasen. Deine Seele ist leidenschaftlich, sie will gehört werden, sie will mit uns sprechen, sie möchte Ein-

into an new Earth, and so she does everything to get you there. Your soul takes part whatever happens on the Earth. Your soul KNOWS about the earthquakes in Turkey. Your soul goes out in compassion, your soul is the most compassionate aspect of you - she is the one who understands, who wants to heal, to comfort. Streams of souls are coming up here, and we comfort, we explain, we love them. When so many people die, a shockwave goes around your world and also ours - they are entwined. We comfort, we lead souls into the light and we look for the lost ones who still cannot believe what is happening. The world soul shows her wounds in many ways.

The Green Hills of Life are called LOVE and COMPASSION. Love and compassion are the greatest aspects of human beauty - these are the main property of God and the main feelings your friends up here have for you.

Compassion - within the word - combines passion, the passion for love, the passion for life with the word „com" - which means „together". Compassion means that I know and you know that passion for love and life binds us together - and that here we understand what it means to live and love - especially in a world on its way to bringing

fluß haben, sie will eine neue Erde. Ja, deine Seele will sich auf eine neue Erde zubewegen - und sie tut alles dafür, dorthin zu gelangen. Deine Seele nimmt an allem teil, was auf der Erde geschieht. Deine Seele weiß vom Erdbeben in der Türkei. Deine Seele geht dorthin in Mitgefühl. Deine Seele ist die Instanz in dir, die das meiste Mitgefühl besitzt - sie ist die, die versteht, die heilen, die trösten will. Ströme von Seelen kommen hierher. Wir trösten, wir erklären, was geschehen ist, wir lieben sie. Wenn so viele Menschen sterben, geht eine Schockwelle um eure Welt und auch um unsere (beide liegen ineinander) -wir trösten, wir führen ins Licht, wir kümmern uns um die Verlorenen, die nicht glauben können, was geschieht. Die Weltseele zeigt ihre Wunden in mannigfacher Weise.

Die „Grünen Hügel des Lebens" heißen LIEBE und MITGEFÜHL. Liebe und Mitgefühl sind die erhebendsten Aspekte der menschlichen Schönheit -sie sind die Haupteigenschaften Gottes und die vorherrschenden Gefühle, die eure Freunde hier für euch haben.

Mitgefühl (engl.: compassion) - in seiner wörtlichen Bedeutung -vereinigt „Gefühl" (Passion=Leidenschaft), das Gefühl für Liebe, das Gefühl für Leben mit dem Wort

these both together - LOVE and LIFE. Life is not possible without love and also love is not experienced without life, and the energy between both is compassion.

The Earth is so much in the focus of many being over here, because we know about the beauty of Life on Earth and the beauty of Compassion, which is one of the majestic doorways to the heart of God.

The love we share you and I, you and we here, we share it looking up to the heavens in the awe and wonder of a love which is so great, so wide, so deep that even we here cannot measure nor understand. So have mercy on each other, be compassionate, strive for your best -then you will be the closest to all you have ever desired.

„mit" (com) - das „zusammen" bedeutet. Mitgefühl heißt also, daß uns Liebes- und Lebensgefühl eng verbinden -und daß wir hier verstehen, was es bedeutet, zu leben und zu lieben -besonders in einer Welt, die auf dem Weg ist, beides zusammenzubringen -LIEBE und LEBEN. Leben ist nicht möglich ohne Liebe, und auch Liebe kann ohne Leben nicht erfahren werden - und die Energie zwischen beiden ist Mitgefühl.

Viele hier haben deshalb die Erde zum Mittelpunkt ihres Interesses gemacht, weil sie um die Schönheit des Lebens auf Erden wissen und die Schönheit des Mitgefühls kennen. Beide gehören zu den majestätischsten Toren zum Herzen Gottes. Die Liebe, die ihr mit mir und den anderen hier teilt, teilen wir, indem wir in Ehrfurcht und Erstaunen zum Himmel einer Liebe blicken, die so unendlich ist, so weit, so tief, so daß sogar wir hier sie nicht ausloten noch verstehen können. Also, seid gnädig miteinander, habt Mitgefühl, kämpft für das Beste -dann seid ihr am nächsten an allem, was ihr euch jemals ersehntet.

The Science of the Future, the „Unknown" and the „Science of Miracles"
August 22nd '99

Question:
What role will science play in the future days?

Diana:
Science of nature, philosophy, theology ... - these are all ways of understanding creation, understanding God. All of them want to understand that can only partly be understood - as well as that which can never be understood. Because you must know - you are already living in the 5th dimension -this dimension which is called LOVE without understanding, without knowing, what this love is, what this love holds. All science will come to a point, to a door where it needs to admit that it cannot understand everything. And science, the future science, in order to understand LOVE as the 5th dimensional energy and impact, will need to include a field which is called the „unknown". This „unknown" already causes problems in your

world, but this unknown only wishes to tell you, that the path of the Earth will not be final, but will continue. There are many doors, unknown doors, which are opening gradually as creation unfolds.

That is why some of you, even scientists from the „old schools" start to look closer and include „non-scientific" methods like imagination, intuition, symbols and mysteries into their work. Future science must include this because the future will not unfold according to science -it never did, it never will.

Until now science was mostly research about what IS and exploring the strings which hold the micro- and macrocosms in place, but the future science needs to be more dynamic in exploring what WILL BE.

Now you might ask, how can I be safe when there is this „unknown", how can I plan, how can I be sure that what I do is right? And in many of you there is fear, and this fear brings some of you close to paralysis. Some of you feel helpless, because you do not KNOW any more what the future holds - and this is why you live very cautiously, so you cannot do anything wrong. So you live only a little bit, because you fear to move too much into something you do not know - meaning you have no control over it.

schon jetzt Probleme in eurer Welt, aber es möchte euch nur sagen, daß der Lauf der Erde kein Ende hat, sondern sich fortsetzt. Es gibt viele unbekannte Tore, die sich in dem Maße eins nach dem anderen öffnen, wie die Schöpfung sich entfaltet.

Daher schauen einige von euch, sogar Wissenschaftler der „alten Schule", näher hin und schließen „unwissenschaftliche" Methoden wie Imagination, Intuition, Symbolik und mystische Aspekte in ihre Arbeit ein. Die Wissenschaft der Zukunft muß dies tun, weil sich die Zukunft nicht nach streng wissenschaftlichen Regeln entfaltet - sie tat es nie und wird es nie tun.

Bis jetzt war Wissenschaft meistens eine Untersuchung von dem, was ist. Es ging darum, die Prinzipien zu erforschen, die den Mikro- und Makrokosmos in ihrer Bahn halten. Die zukünftige Wissenschaft aber muß dynamischer werden, indem sie erforscht, was sein wird.

Jetzt könntest du fragen, wie kann ich in der Gegenwart dieses „Unbekannten" sicher sein, wie kann ich planen, wie kann ich die Sicherheit haben, daß das, was ich tue, richtig ist? Viele von euch haben Angst, und manche von euch sind fast gelähmt von dieser Angst und fühlen sich hilflos, weil ihr nicht mehr wißt, was die Zukunft bringt.

Science was there to give you that safety - medical science, physical science, psychological science - these are born from the demand of the mind to be safe and to somehow know what is coming.

The more you are conscious that there is this fifth dimensional LOVE (and with your growing awareness you move more and more into it), the more you feel that space and you know, your soul knows, that you have no control any more and that there is a new light showing you the way - this word is so difficult for you to define and live: TRUST.

The new LOVE, the 5th dimensional LOVE, is not a feeling, nor an attitude - it is a space, a new space. It is a space where the paradoxes of proven science and miracle, of intuition and fact, of surety and doubt, of known and unknown are one. The space of LOVE and TRUST as a fifth dimension unfolds when known and unknown become ONE, when the paradoxes melt, when circle and square, when pyramid and tetrahedron are ONE, the cup and the drink, vertical and horizontal, man and wo-man, anima and animus.

This is the realm where true miracles occur. Miracles are a major element of the future.

Deshalb lebt ihr sehr vorsichtig, damit ihr keine Fehler macht - und so lebt ihr nur ein bißchen, weil ihr Angst habt, euch auf etwas einzulassen, das ihr nicht kennt - was bedeutet, daß ihr darüber keine Kontrolle habt. Und die Wissenschaft war dazu da, euch Sicherheit zu geben, medizinische Wissenschaft, Physik, Psychologie - sie wurden geboren aus der Forderung des Geistes, Sicherheit zu haben und im vorhinein zu wissen, was kommt.

Je bewußter du dir aber bist, daß es da eine LIEBE der 5. Dimension gibt (und mit deiner wachsenden Erkenntnis bewegst du dich immer näher auf sie zu), desto mehr fühlst du diesen Raum, und du weißt und deine Seele weiß, daß du keine Kontrolle mehr hast und dort ein neues Licht ist, das dir den Weg zeigt - zu diesem Wort, das für euch so schwer zu definieren und zu leben ist: VERTRAUEN.

Die neue LIEBE, diese LIEBE der fünften Dimension, ist kein Gefühl, keine Haltung - sie ist ein Raum, ein neuer Raum. Ein Raum, wo die Paradoxe, wie beweisbare Wissenschaft und Wunder, Intuition und Tatsache, Sicherheit und Unsicherheit, Bekanntes und Unbekanntes eins sind. Der Raum der LIEBE und des VERTRAUENS

Science needs to include the „science of miracles" otherwise it will die and stay in the old dimension, in the old paradigms where no life will exist any more.

Miracles do not occur when you (your mind) want to understand more about yourself and about your world. Miracles occur when you let go of the need to understand and when you accept and melt the paradoxes in you - if you bring to a fusion „I know" with „I don't know", „limit" with „limitless", „nothing" with „all", „silence" with „music", „sense" and „nonsense", „pride" with „humility", „life" with „death" - these are the doors to a new truth, to a new dimension, to new ways of communications between you and us - the realm of miracles and a love and a joy beyond anything you have ever experienced.

This is one aspect of true enlightenment - mankind wants to move towards true enlightenment.

And this book prepares a path, because it melts paradoxes and leads into a new dimension - the dimension you all so much wish to move into and which we have prepared for you for so long. This was the space of the 13 and their effort - where 12 and 13 are one.

als eine fünfte Dimension entfaltet sich, wenn Bekanntes und Unbekanntes eins werden, wenn die Paradoxe verschmelzen, wenn Kreis und Quadrat, wenn Pyramide und Tetraeder, der Becher und der Trank, vertikal und horizontal, Mann und Frau, Anima und Animus eins sind.

Das ist die Ebene, wo wahre Wunder geschehen.

Wunder sind wichtige Elemente der Zukunft. Die Wissenschaft muß die „Wissenschaft der Wunder" mit einschließen, sonst wird die Wissenschaft sterben und in der bisherigen Dimension zurückbleiben, in den alten Paradigmen, wo dann kein Leben mehr sein wird.

Wunder ereignen sich nicht, wenn du mehr über dich und die Welt verstehen willst. Wunder geschehen, wenn du aufhörst, verstehen zu wollen, und die Paradoxe in dir annimmst und vereinst - wenn du „Ich weiß" mit „Ich weiß nicht", „Grenze" mit „Grenzenlosigkeit", „Nichts" mit „Allem", „Stille" mit „Musik", „Sinn" mit „Unsinn", „Stolz" mit „Demut", „Leben" mit „Tod" zu einer Einheit bringst. Das sind die Tore zu einer neuen Wahrheit, zu einer neuen Dimension, zu neuen Wegen der Kommunikation zwischen euch und uns - das Reich der Wunder, der Liebe und der Freude

I did not know about all of this during my last lifetime, not consciously, but there were other lifetimes in which I had been a scientist when I was desperately seeking to resolve paradoxes - this is called alchemy. Alchemy knows and always knew that there are connections between the elements beyond science and that they only reveal their mysteries, if you are ready to accept paradoxes and want to resolve them, to bring them into fusion.

All conflicts and problems of your world can be resolved if it could be explained that they stem from the growing paradox which unfolds out of the fifth Dimension that is breaking up the 3-dimensional space. The fifth Dimension IS already IN your world and influences your world and your consciousness very much - and Dimension 6 and 7 are already at the periphery. They also influence you much more than you think. (This book cannot exist without it.) This is why you are dizzy and feel awkward sometimes - you feel the new and you cannot explain it. You start to feel distant „from the old" and yet you are not quite in the „new". This is why you need to let go of „past" and move toward future and toward the

jenseits von allem, was du jemals erfahren hast.
Das ist ein Aspekt von wahrer Erleuchtung. Die Menschheit will wahre Erleuchtung erringen.

Und dieses Buch hier bereitet einen Weg vor, weil es Paradoxe vereinigt und dadurch in eine neue Dimension führt, die Dimension, in die ihr so sehnlichst wechseln wollt und die wir seit langem für euch vorbereitet haben. Das war der Raum der 13 und ihr großes Bemühen - wo 12 und 13 eins sind.

All dies war mir in meinem letzten Leben nicht bekannt - zumindest war es mir nicht bewußt -, aber ich hatte andere Leben, in denen ich als Wissenschaftler verzweifelt darum bemüht war, Lösungen für Paradoxe zu finden - was Alchemie genannt wird. Alchemie weiß und wußte immer, daß es Verbindungen zwischen den Elementen jenseits der Wissenschaft gibt, und daß sie ihre Geheimnisse nur preisgeben, wenn man bereit ist, Paradoxe zu akzeptieren und sie lösen möchte, indem man sie vereint.

Alle Konflikte und Probleme in eurer Welt könnten gelöst werden, wenn jemand deutlich machen würde, daß sie sich aus dem

"unknown", to LOVE the future into your life and accept miracles - things you cannot control. This is not the first time you have done this. You did it while moving through all the kingdoms: minerals, plants, animals, human animals. It is not new for you, but your mind does not know it and your subconscious is and wants you to be cautious. This is why VISION is so important, because positive visions for yourself and for your world convince the subconscious that something good is coming and your subconscious then allows the new into your life.

There are holy sites in England, Scotland, Wales and other places in the world, where you can experience and practise with the new dimensions, because the Earth always has and always will have "holes" and "doorways" to other worlds. And there IS actually a hill and a building - a place of consciousness - called "Tor". There your VISIONS become VERY POWERFUL.

There you can practise receiving miracles and dive into knowledge of the Being, which is you, in a place where Future and the Past become ONE, a place of new dimensions, that open doors into realms of knowledge

zunehmenden Paradox herleiten, das dadurch entsteht, daß die 5. Dimension den 3-dimensionalen Raum aufbricht. Die 5. Dimension ist bereits in eurer Welt und beeinflußt eure Welt und euer Bewußtsein sehr stark - und die 6. und 7. Dimension erscheinen schon am Horizont. Sie beeinflussen euch viel mehr als ihr denkt (dieses Buch könnte ohne sie nicht existieren). Deshalb wird es euch manchmal schwindlig und ihr fühlt euch so merkwürdig - ihr fühlt das Neue und könnt es noch nicht erklären. Ihr fühlt euch „vom Alten" entfernt, und doch seid ihr noch nicht ganz im „Neuen". Deshalb ist es wichtig für dich, von der „Vergangenheit" loszulassen und dich hin zur Zukunft zu bewegen und zum „Unbekannten", die Zukunft in dein Leben hineinzulieben und Wunder anzunehmen - Vorgänge, die du nicht kontrollieren kannst. Es ist nicht das erste Mal, daß du das tust. Du hast das bereits getan in deiner Wanderschaft durch all die Königreiche hindurch: die der Mineralien, Pflanzen, Tiere, Primaten. Es ist nicht neu für dich, aber deinem Verstand ist es unbekannt, und dein Unterbewußtsein ist vorsichtig und möchte, daß du auch vorsichtig bist. Daher ist die VISION so wichtig, weil positive Visionen für dich und deine Welt das Unterbewußtsein

and beauty which you want to remember and draw into your life and the life of the Earth even if they feel new to you. The place where remembrance and virgin knowledge are one.

überzeugen, daß etwas Gutes kommt und daß es das Neue in deinem Leben zulassen kann.

Es gibt heilige Plätze in England, Schottland und Wales und anderswo auf der Erde, wo du die neuen Dimensionen erfahren und dich mit ihnen vertraut machen kannst - weil die Erde immer „Spalten" und „Tore" zu anderen Welten hat. Und es gibt sogar einen Hügel und ein Bauwerk -einen Ort des Bewußtseins - der „Tor" genannt wird. Deine Visionen sind dort sehr kraftvoll.

Dort kannst du üben, Wunder zu empfangen und einzutauchen in das Wissen eines Wesens, das du selbst bist, das sich an einem Ort befindet, wo Zukunft und Vergangenheit eins werden, ein Platz neuer Dimensionen, die die Tore öffnen in Bereiche von Wissen und Schönheit, an die du dich erinnern und sie in dein Leben und das Leben der Erde bringen kannst, sogar dann, wenn sie neu für dich sind. Es ist der Ort, wo Erinnerung und jungfräuliches Wissen eins sind.

The Treasure Houses of the Weapons of Light and of the Spirit are opened

August 22nd '99

Question:
Why does it sometimes seem so difficult to live?

Diana:
Life on planet Earth is not easy, despite what people say. It really is not easy. Trust is not easy and to love, to receive and give love, is not so easy either. This is because there are forces in your world, and always were, that are adversaries of Love and Life. There were times, when these adversaries were not strong and could easily be battled - in battles with swords of light and in battles with swords of iron. There were times when it was acceptable to battle with weapons against evil.

These evil forces are still here, and they have taken all weaponry from you. They were very smart. They did it philosophically and they did it theologically. They opened their mouth and talked of „peace", they acted so holy and you believed them.

Most churches were founded to weaken peoples' spirituality and to remove their weapons from them - the weapons of the

spirit.

But these evil forces have kept their weapons and have even reinforced them. They wanted you to believe that they did this for your own good. There are all these terrible weapons like mines, artillery, bombs, fighters and so on, and there are also these other weapons, like money, like information, like media, false teaching and false philosophies, corruption and lust, destructive medicine and destructive „love and sexuality", false religion and false prophecies. And you have agreed to all of this, because your ego thought and therefore you thought you needed this. At one point you gave up and let them do all this and have all this. Partly you did it out of ignorance. Again partly, because you had to experience it in order to survive, partly you were seduced by good looking people, who could talk convincingly enough for you to believe them.

These are demonic weapons, and they produced and produce so much pain, so many tears in this world. It is true that those houses in Turkey did not need to collapse and that the builders knew that they were not properly built. You cannot build such houses on an earthquake area like this.

In England or Germany this earthquake

Die meisten Kirchen wurden gegründet, um die Spiritualität der Menschen zu schwächen und ihnen ihre Waffen zu nehmen - die Waffen des Geistes.

Aber diese bösen Kräfte haben ihre Waffen behalten, und sie haben sie sogar noch verstärkt - und sie wollten, daß ihr glaubt, daß sie es für euer Bestes tun. Das sind all diese furchtbaren Waffen wie Minen, Artillerie, Bomben, Kampfflugzeuge usw., und da sind auch diese anderen Waffen wie Geld, wie Information, wie die Medien, wie falsche Lehren und falsche Philosophie, Korruption und Perversität, destruktive Medizin und destruktive „Liebe und Sexualität", falsche Religion und falsche Prophezeiungen. Und ihr habt all dem zugestimmt, weil euer Ego dachte -und deshalb dachtet ihr auch -, daß ihr dies alles braucht. An einem bestimmten Punkt habt ihr aufgegeben und sie all das tun und in Besitz nehmen lassen. Teilweise habt ihr das zugelassen aus Unwissenheit, teilweise habt ihr es zugelassen, weil ihr es lernen mußtet, um zu überleben, teilweise wart ihr verführt durch adrette Leute, die so überzeugend reden konnten, so daß ihr es geglaubt habt.

Das sind dämonische Waffen, und sie produzieren so viel Verletzung, so viele Tränen in dieser Welt. Ja, es ist wahr, daß diese

would have cost very few lives, if at all.
This should awaken the integrity of people who can build something properly for others. These builder's greed for profit was bigger than any concern they had for others. The terrible thing is that the same people will build new houses and are just pleased that these ones collapsed to make spare for new orders. They live in their mansions and laugh. They do not feel anything ... they are living puppets. They are not shaken.

The Turkish government, as so many governments in their corruption and „helplessness", sacrificed and sacrifice lives, because they are working hand in hand with those corrupt building companies. Maybe now, when they see what they are doing, maybe now, they will understand their responsibility and even feel some - some!- compassion.

Around 14000 died there - not 140, not 1400 - no, ten times more — and their tears and their mourning and the tears of their families are reaching our hearts.

No, it is not easy to live on planet Earth right now, seeing what people do to each other. It is not easy to see it from here. Many are crying up here too - we are close to you - and we FEEL!

But the treasure houses of the weapons of

Häuser in der Türkei nicht hätten zusammenfallen müssen, es ist wahr, daß die Erbauer wußten, daß diese Häuser nicht gut gebaut waren, es ist wahr, daß man solche Häuser auf einem Erdbebengebiet wie diesem nicht bauen darf.

In England oder Deutschland hätte dieses Erdbeben sehr viel weniger Leben gekostet, wenn überhaupt.

Das sollte eigentlich die Rechtschafenheit der Menschen aufrütteln, die etwas für andere bauen, es wirklich gut zu tun. Aber ihre Gier nach Profit war größer als ihre Sorge um andere.

Das Schreckliche daran ist, daß die gleichen Leute neue Häuser bauen werden, ja, sie sind sogar glücklich, daß diese jetzt zusammengefallen sind, weil sie Raum schaffen für neue Aufträge. Sie leben in ihren Villen und lachen. Sie fühlen nichts ... sie sind lebende Puppen. Sie sind nicht erschüttert.

Die türkische Regierung, wie so viele Regierungen in ihrer Korruption und „Hilflosigkeit", hat so viele Leben geopfert. Sie arbeitet Hand in Hand mit diesen korrupten Baufirmen. Vielleicht jetzt, wenn sie sehen, was sie tun, vielleicht werden sie jetzt ihre Verantwortung wahrnehmen oder haben sogar etwas - wenigstens etwas! - Mitgefühl.

Nahezu 14 000 Menschen starben dort,

light and of the spirit are opened. There is and will be a spiritual battle, and it will be won by the weapons of light. You need to want these weapons, weapons of value and integrity, of good character and principles, of clarity about what is good, honest and true. These weapons are of fire, of holy anger, of holy determination, to purify this Earth - it will happen. I told you: I am fire — so are you! So are all of us here, the knights of light, the warriors of compassion. Let's burn! Let's go out with our flaming swords and let the fire roll down the hills from the mountains into the valleys and from the valleys into the mountains - so that everybody sings the song of the New Earth.

nicht 140, nicht 1400, nein, 10 mal mehr — und ihre Tränen und ihr Klagen und die Tränen ihrer Familien berühren unser Herz. Nein, es ist nicht leicht, heute auf dem Planeten Erde zu leben im Anblick dessen, was Menschen einander antun. Es ist nicht leicht, das von hier aus mit ansehen zu müssen. Viele weinen auch hier oben - wir sind euch nahe und wir FÜHLEN!

Aber die Schatzhäuser der Waffen des Lichts und des Geistes sind geöffnet. Es tobt ein spiritueller Kampf, und er wird gewonnen von den Waffen des Lichts. Ihr müßt diese Waffen an euch nehmen, die Waffen der Integrität und des Wertes, die Waffen eines guten Charakters von Prinzipien und der Klarheit darüber, was gut, ehrlich und wahrhaftig ist. Diese Waffen bestehen aus Feuer, aus heiligem Zorn, aus heiliger Entschlossenheit, diese Erde zu reinigen - es wird geschehen. Ich sagte euch: Ich bin Feuer — das bist du auch! So sind alle von uns hier oben, die Ritter des Lichts, die Kämpfer des Mitgefühls.

Laßt uns brennen! Laßt uns hinausgehen mit unserem flammenden Schwert, laßt das Feuer die Hügel herabrollen, von den Bergen in die Täler und von den Tälern auf die Berge - so daß jeder das Lied der Neuen Erde singt.

How does one live where Di is?
August 24th '99

Question:
How do you live „there were you are" ?

Diana:
It is simple to answer and not so simple, because you just have your 5 senses which you think are your MOST reliable tools. It is not easy to explain. Maybe this is easier - We Here we do everything except that we don't need to do what keeps the physical body does in survival mode within physicality - that includes the brain. Here there is no brain - and that's not easy when you have been used to having one. A brain explains and connects information coming from the 5 senses, and another part of it connects thoughts with the „higher sources" of wisdom which you call channelling. Everyone of you channels each and every day - the only problem is that you cannot interpret what you hear through your brain and so you disregard it. Now, what happens if you do not have a brain anymore - and this is not easy to

Wie lebt es sich dort, wo Di jetzt ist?
24. August '99

Frage:
Wie lebt ihr „dort, wo ihr seid"?

Diana:
Es ist einfach, darauf zu antworten, und doch nicht so einfach. Es ist deshalb nicht so einfach, weil ihr glaubt, nur fünf Sinne zu haben, und ihr sie für die zuverlässigsten haltet. Nun, vielleicht ist folgendes einfach: Wir sind und tun hier alles, mit der Ausnahme, daß wir nichts tun, was ein physischer Körper tut, um in der physischen Welt zu überleben, inklusive des Gehirns. Hier gibt es kein Gehirn - und das ist nicht so leicht zu akzeptieren, wenn man daran gewöhnt war, ein Gehirn zu haben. Ein Gehirn erklärt und verbindet Informationen, die von den fünf Sinnen kommen, die Informationen, die von Gedanken kommen, und auch die, die von „höheren" Quellen kommen, was ihr Channeling nennt. Jeder von euch channelt, jeden Tag. Ihr könnt nur nicht interpretieren, was ihr mithilfe des Gehirns

explain: YOU JUST SEE. You see everything at once. This is not like seeing with your physical eyes, but a „seeing" that embraces any situation: you are not seeing it with your senses, but you are actually THERE. It is like when you, as a human being, fall in love with somebody -you make love and you are so close, that the barriers between you fall away and there is this blissful moment of being ONE, this eternal moment, when time plays no role and you do not know if it lasted a second or hours. This is similar to what we have and experience here.

Or when you are in nature, you are laying on your back, you look into the sky, the clouds are moving and forming new faces and strange legendary animals and for a moment you are completely within these movements, in the sky, in the story the sky is telling you, and you do not know if you are here or there or where you are and you forget even to think, you are there- this is also similar. We do not think here, but we feel. And we embrace everything that we are able and want to embrace in a whole eternal embrace into our consciousness - this consciousness is the only thing that exists, the ONLY thing (and it is not a thing of

hört, und so mißachtet ihr es. Was ist, wenn du kein Gehirn mehr hast? Das ist gar nicht so leicht zu erklären. Du siehst einfach nur. Du siehst einfach. Du siehst alles auf einmal. Das ist nicht ein Sehen wie mit den Augen, es ist ein „Sehen", als ob du umarmst, du bist in der Situation, du siehst sie nicht mit deinen Sinnen - du bist drin. Es ist so, als ob du dich als Mensch in jemanden verliebt hast. Du machst Liebe, und du bist dem anderen so nahe, daß die Wände zwischen dir und dem anderen fallen. Du erlebst diesen gesegneten Augenblick des Einsseins, diesen Moment der Ewigkeit, in dem Zeit keine Rolle spielt und du nicht weißt, ob es eine Sekunde war oder eine Stunde. Das ist dem sehr ähnlich, was wir hier erleben.

Oder auch: Wenn du in der Natur bist, auf dem Rücken liegst, in den Himmel schaust, siehst, wie sich die Wolken bewegen und zu neuen Gesichtern und seltsamen, sagenhaften Tiergestalten formen. Für einen Moment bist du vollständig eingetaucht in diese Bewegungen am Himmel, in die Geschichte, die der Himmel dir erzählt, und du weißt nicht, ob du hier bist oder da bist oder wo du bist, und du vergißt sogar zu denken, du bist einfach dort. Das kommt

course). It is the only thing we both share but with your consciousness you produce another body, a different experience to us - but our consciousnesses are of the same substance and all are bubbling around in a huge sea of consciousnesses. They always touch and so we touch your consciousness all the time and SEE the world and are IN the world that your consciousness is producing. We „here" produce another body - for enjoyment - a body we have agreed on that is very flexible. Some of those here never produce a physical body. Some of us, like me, did, and I do not know if I want to do it again. But it is REALLY nothing other than a decision.

Life on Earth, the way you experience it, is just such a perfect illusion. You produce it together in order to experience something about you and creation. Then you „die". That means you decide to follow a specific script (like a movie script) of how you let physical life production and move on into a different production of life, based on your understanding, knowledge, desire, wisdom, growth, expectation, personality, imagination etc.

When you decide to produce and plunge into another physical life, you want to make

dem sehr nahe. Wir denken nicht, aber wir fühlen. Und wir umarmen alles, was wir fähig und willens sind, zu umarmen in einer umfassenden, ewigen Umarmung in unser Bewußtsein hinein. Dieses Bewußtsein ist das Einzige, was existiert, das einzige Ding (und es ist natürlich kein Ding). Es ist das Einzige, was ihr habt, und das Einzige, was wir haben, aber ihr produziert mit eurem Bewußtsein einen anderen Körper, eine andere Erfahrung, als wir es tun - aber unsere Bewußtseinsfelder sind aus derselben Substanz gemacht und alle schweben in einem riesigen Meer von Bewußtseinsfeldern. Unsere Bewußtseinsfelder berühren sich immer, und so berühren wir auch euer Bewußtsein immer und sehen die Welt und sind in der Welt, die euer Bewußtsein erschafft. Wir „hier" produzieren einen anderen Körper - uns zur Freude - einen Körper, dem wir zugestimmt haben, sehr flexibel. Einige von uns hier haben nie einen physischen Körper geschaffen, einige von uns, wie ich, haben dies getan, und ich weiß nicht, ob ich es nochmal tun werde. Aber es ist wirklich nichts weiter als eine Entscheidung.

Das Leben auf der Erde, die Art, wie du es erfährst, ist also eine perfekte Illusion - du

the illusion perfect and you „forget", how it all started. And then you die - meaning you decide to give up physicality. Then you come here and remember:" Of course ...of course ." - and you start to laugh think „... my goodness, why didn't I have more fun in physical life? Why did I take it all so seriously?!" And then maybe you think „... I must go again, I want to have more fun. I also want to tell others, what a playful experience this all is ... hopefully I won't forget next time or maybe somebody will remind me ... etc." Then you go return into this 3-D or 4D movie-theatre called „Life on Earth". When you dive into physicality (maybe „diving" is the best word to use), you also dive with your consciousness into a conscious field. This seems very real, and it is called „the existing consciousness of the physicality of planet Earth". And the first rule there is that you have to be born to be physical, at least this is in the conscious field. In a state of lower consciousness, you accept this general consciousness fully, but when you are more mature, you do not. Ultimately, when you are fully aware and trust totally in your own conscious field, then you are able to change the conditions within the field of physicality - then you are able to be physical without having to be

stellst sie her, zusammen mit anderen, um etwas zu erfahren über dich und die Schöpfung. Dann „stirbst" du, d.h. du entscheidest dich, einem spezifischen Skript zu folgen (wie einem Filmdrehbuch), wie du die Produktion des physischen Lebens aufgibst und dich in eine andere Produktion von Leben bewegst - deinem Verständnis, deinem Wissen, deiner Wünsche, deiner Weisheit, deinem Wachstumsstand, deiner Erwartung, deiner Persönlichkeit und deiner Imagination entsprechend. Wenn du dich entscheidest, körperliches Leben zu produzieren und dort einzutauchen, willst du die Illusion perfekt machen und du „vergißt", wie alles begann. Dann stirbst du nach einiger Zeit, was bedeutet, daß du dich dafür entscheidest, die Körperlichkeit aufzugeben. Dann kommst du hierher und „denkst": „Natürlich, natürlich ....". Und du fängst an zu lachen, und dann „denkst" du: „Meine Güte, warum habe ich nicht mehr Spaß in meinem körperlichen Leben gehabt, warum habe ich alles so ernst genommen?!!" Und dann denkst du vielleicht „... ich muß wieder gehen, ich möchte mehr Spaß haben und ich möchte auch anderen erzählen, wie spielerisch das alles sein kann. Hoffentlich vergesse ich das alles das nächste Mal nicht, oder hoffentlich wird mich

born.

And some of us know how to do it. You can also do things which transcend physicality even when you are in the physical. For example, you can be in two different places at the same time or change water into wine, or receive miracles, all of which are beyond the consensus reality and beyond the way most people think.

When you reach this level of consciousness, you will automatically be a rebel - you must be one! As I was. In fact we are not really rebels, we just know that there is another way!

Now the question will always be, how much of this other way do we live, how much do we show of it, how much do we bless the Earth with it. The Earth like us is moving to a new consciousness-level where MORE things are possible than before, SO much more. The Earth desires to become one with her light body.

Some of the very evolved consciousnesses which came to the physical Earth can decide if they want to be born regularly, or by virgin birth, or just to „materialise". Yet some of those High Beings, because of their humility, decide to be born „normally" and

jemand daran erinnern … usw". Und dann gehst du wieder in dieses 3-D oder 4-D Filmtheater, das „Leben auf der Erde" genannt wird.

Wenn du in die Körperlichkeit eintauchst („eintauchen" ist hier vielleicht das beste Wort), dann tauchst du mit deinem Bewußtsein auch in ein Bewußtseinsfeld ein, das sehr real zu sein scheint, und dieses Bewußtseinsfeld heißt „das existierende Bewußtsein auf dem Planeten Erde". Die erste Regel dort ist, daß du geboren werden mußt, um körperlich zu sein - zumindest ist diese Information in diesem Bewußtseinsfeld. Wenn dein Bewußtsein irgendwie schwach ist, dann akzeptierst du dieses allgemeine Bewußtsein vollständig. Wenn du etwa weiter bist, dann tust du das nicht mehr - und wenn du schließlich in deiner Meisterschaft sehr weit gekommen bist und deinem eigenen Bewußtseinsfeld mehr vertraust, dann bist du in der Lage, die Bedingungen zu verändern, wenn du in das Feld der Körperlichkeit eintauchst. Dann bist du in der Lage, körperlich zu sein, ohne geboren zu werden. Einige von uns wissen, wie man das tut. Du kannst Dinge tun, die die Körperlichkeit übersteigen, sogar wenn du in der Körperlichkeit bist. So könntest du zum Beispiel an zwei verschiedenen Orten

to die „normally" in order to reach people (consciousnesses) where they are, because they do not want to appear to be „superior". Some High Beings even become sick - this is the way they show their friendship to those who do not yet know a different way. This is how they show compassion...

Do not get me wrong, all this is very REAL - you „there", we „here" -with you making the difference between us as real as you need and want to. And because most of you want to do everything 100%, you choose, at least for a while, to be completely physical - even denying „spirituality", God and the worlds beyond. You know „Spirituality" and „being spiritual" and all these expressions are as strange as „time": „being spiritual" should only mean that you KNOW you are pure consciousness and that you DECIDE in which form you wish to experience YOURSELF.

And these dramas in the physical world are wonderful, they are real, they are deep - and they are playing out according to the integrity of creation (God/Goddess), just as they do here. Actually, there is no „here" and „there". There is only NOW. And this is hard to understand with the mind.

zur gleichen Zeit sein oder Wasser in Wein verwandeln oder Wunder empfangen, die jenseits der allgemeinen Realität sind, jenseits von dem, wie jeder sonst denkt. Wenn du zu diesen Menschen gehörst, wirst du ein Rebell sein - du mußt einer sein, so wie ich einer war. Und dennoch sind wir keine Rebellen, wir wissen einfach, da gibt es auch noch einen anderen Weg! Nun, die Frage wird immer sein: Wieviel von dem anderen Weg leben wir, wieviel davon zeigen wir, wie sehr segnen wir die Welt damit. Auch die Erde bewegt sich wie wir auf eine neue Bewußtseinsebene zu, auf der mehr Dinge möglich sind als vorher, soviel mehr. Die Erde sehnt sich danach, sich mit ihrem Lichtkörper zu vereinigen.

Einige von denen, die ein sehr weites Bewußtsein haben und auf die physische Erde kommen, können entscheiden, ob sie auf natürliche Weise geboren werden wollen, von einer Jungfrau oder ob sie sich einfach „materialisieren" wollen. Aber einige von Hohem Bewußtsein entscheiden sich oft aus Demut dafür, geboren zu werden wie „jeder andere" und zu sterben wie „alle anderen" auch, um die Menschen (sprich:Bewußtseine) dort abzuholen, wo sie sind, denn sie wollen nicht so erschei-

„Here" where I am, I am more in the NOW and that is why I can be anywhere in your reality. I have learned to connect with the potential field, the „will be", and that is why I can put my head, as it were, into your reality which I have shared many times. In one way my legs are here and my head is with you (Oh God, how else can I express it - they are all laughing - but really, how can one explain this ...?).

Now, when Dietrich channelled our first book, he saw me sitting in a meadow of white lilies and this is very real, because I am sitting there and in the same moment he „saw" that picture. These kinds of inner visions are the anteroom, the door between your reality and my reality, where I embrace your consciousness and you embrace mine.

Now there are many consciousness fields, not only „Physicality on Earth" in which you can decide to live, or move, or dive into. Even within the field of „Physicality on Earth" there are different levels in which to experience the Earth, such as ways you live, ways you practise religion and so on. Sometimes old and new fields get reawakened - like a field of legends and

nen, als ob sie etwas „Besseres" seien. Einige von denen, die ein Hohes Bewußtsein haben, werden sogar krank, um zu sterben - dies ist die Art, wie sie jenen ihre Freundschaft bezeugen, die noch keinen anderen Weg kennen. Das ist ihre Art, wie sie Mitgefühl zeigen ...

Versteht mich nicht falsch, all das ist sehr real - ihr „dort", wir „hier", und ihr macht den Unterschied zwischen beidem so real, wie ihr es braucht und wünscht. Und weil die meisten von euch alles 100%ig machen wollen, wählt ihr - zumindest für eine bestimmte Zeit oder für viele Zeiten -, vollständig körperlich zu sein - indem ihr sogar Spiritualität, Gott und jenseitige Welten verleugnet. Wißt ihr: Spiritualität, spirituell zu sein und all diese Worte sind so seltsam wie das Wort „Zeit": Spirituell zu sein sollte nur bedeuten, daß ihr wißt, daß ihr reines Bewußtsein seid und daß ihr entscheidet, in welcher Form ihr euch selbst erfahren wollt.

Diese Dramen in der physischen Welt sind wundervoll, sie sind real, sie sind tief - und sie spielen sich ab auf dem Hintergrund der Integrität der Schöpfung (Gott/Göttin), genauso wie hier auch. Es gibt kein hier und

myths - and they become very real. Through some very intense „movements" in the Mandala of creation (I use this word from Dietrichs own book, it is in many ways very accurate) some new fields mingle with the field of Earth-Consciousness and some „old" fields are reawakened (old legends, mystical and holy places) and draw to them the new fields.

I apologise for being so complicated again, but it is only complicated because the filter between the two realities do not have many „holes" for that kind of explanation! But - yes, we feel. If we decide to, we can look inside (better maybe „innerto") the Earth and we see everything there, we are not only close to you, we are IN you and around you, because there is no space. We move between the atoms and molecules, between the particles - we have learned to connect to Earth consciousness. It is also because you draw us, you draw me. Your wish, your thought „prompts" my consciousness and then I go there, to you and experience your experience with you. Then you feel me ...

But usually more than seeing you in physical form, we see you as consciousness, it is a light, beautiful, multicoloured light also in a body form and we can see that you are

dort, es gibt nur SEIN. Und das ist mit dem Verstand schwer zu verstehen.

„Hier", wo ich bin, bin ich mehr im SEIN und deshalb kann ich an jedem Ort eurer Wirklichkeit sein, die mehr ein Feld von „WIRD SEIN" ist. Ich habe gelernt, mich mit „WIRD SEIN" zu verbinden, deshalb kann ich meinen Kopf sozusagen in eure Realität stecken, die ja so oft auch meine war. Man könnte so sagen: Meine Beine sind hier und mein Kopf ist bei euch. (Mein Gott, was kann ich denn sonst sagen - sie lachen hier alle - aber bitte, wie kann man das erklären ... ?)

Nun, schaut mal, als Dietrich sein erstes Buch gechannelt hat, sah er mich, wie ich in einer Wiese von weißen Lilien saß - und das ist sehr real - weil ich dort sitze, und zur selben Zeit „sah" er dieses Bild. Diese Art von innerer Vision ist der Vorraum, die Tür zwischen eurer Realität und meiner Realität, wo ich euer Bewußtsein umarme und ihr das meine.

Nun, da gibt es viele Bewußtseinsfelder, in denen zu leben ihr euch entscheiden könnt, nicht nur die „Körperlichkeit auf Erden". Sogar im Bereich „Körperlichkeit auf Er-

"right now" also on your physical mission, and that you have decided to be more in THAT body than in this body here. But still we can communicate with you in this light body, we can touch it, and this touch transmits to your physical body and you feel „touched". Or putting it more directly, you are here and there simultaneously, but as you don't know it, you don't experience it - and therefore you still use the doorways „death" and „birth" or sometimes „sleep", „dream", sometimes drugs (which is not good as they affect the brain / mind and confuse you badly) and meditation.

For those who use the word „aura" (or „ethereal body") it is quite simple to understand. We here are only aura with no physical body, and you are an aura which produced a physical body and with it the whole bubble of consciousness known as „Earth". We believe and experience the „aura-body" and we create a light body, with eyes, ears, everything, but these eyes do not see and the ears do not hear, they are reflections of our love for the human experience. The „HUMAN EXPERIENCE" is much greater than to be human in a physical form on Earth - the „HUMAN EXPERIENCE" also includes us. To be human is an aspect of

den" gibt es verschiedene Bereiche, wie man die Erde erfährt, bestimmte Lebensweisen, Möglichkeiten, Religion auszuüben und so weiter. Manchmal werden alte und neue Felder wiedererweckt - z.B. das Feld der Legenden und Mythen - und sie werden dann sehr real. Durch einige sehr intensive „Bewegungen" im Schöpfungsmandala (ich benutze dieses Wort aus Dietrichs Buch „Lemuria - Land des Goldenen Lichts", weil es in vieler Hinsicht sehr akkurat ist) bewegen sich einige neue Bewußtseinsfelder in das Feld Erd-Bewußtsein, und einige „alte" Bewußtseinsfelder werden wiedererweckt (alte Legenden, mystische und heilige Plätze) und ziehen die neuen Felder zu sich her. Ich bitte um Entschuldigung, daß ich mich schon wieder so kompliziert ausdrücke - aber es ist nur so kompliziert, weil die Filter zwischen den beiden Realitäten nicht viele „Öffnungen" für diese Art von Erklärungen haben. Aber - ja, wir fühlen. Wenn wir uns dazu entscheiden, können wir hineinschauen, besser vielleicht „von innen" aus der Erde herausschauen. Wir sehen alles, wir sind euch nicht nur nahe, wir sind in euch und um euch herum, weil es dort keinen Raum gibt. Wir bewegen uns zwischen den Atomen und Molekülen, zwischen den Partikeln - wir haben gelernt, zum Erd-Be-

God - and God LOVES to appear in a human form, because he has created and loves his idea - as everybody does. And because everybody thinks he is an old man with a beard he appears like that „once in a while" (she is giggling).

You on Earth believe in your physical body - and most of you believe in it so strongly that you can hardly imagine anything else. This is fully fine and you have your reasons for it. So do not make yourself wrong. Others think that they need a new belief, one in which both worlds do not have to be so separated and that death and birth are not the only doors. If you can transcend this common sense belief in birth and death not only with your intellectual mind, but get it into your auric field and convince yourself that it is time to do it differently, then you WILL do it differently. Jesus (Joshua) walked on water because at one point he no longer believed in physicality - he had opened the door to the other realm. This happened in his meditative times in the desert, but also in many learning times around with other friends. But he died a human death out of compassion, as we said above.

How do we think, how do we feel here? We wußtsein eine Verbindung aufzubauen. Das geschieht auch deshalb, weil ihr uns herbeizieht, mich herbeizieht. Euer Wunsch, euer Gedanke „veranlaßt" mein Bewußtsein, und dann gehe ich dorthin, zu euch und erlebe eure Erfahrungen zusammen mit euch. Dann fühlt ihr mich ...

Aber normalerweise sehen wir euch eher als Bewußtsein denn als körperliche Form. Es ist ein Licht, wunderschön, ein vielfarbiges Licht, auch in einer Körperform, und wir können sehen, daß ihr „jetzt im Moment" in eurer physischen Mission seid und daß ihr euch entschieden habt, mehr in jenem Körper zu sein als in diesem hier. Aber wir können immer noch mit euch in diesem Lichtkörper kommunizieren, wir können ihn berühren, und diese Berührung wandert zu eurem physischen Körper und ihr fühlt euch berührt. Oder, um es noch direkter zu sagen: Ihr seid hier und dort zur selben Zeit, aber ihr wißt es nicht, ihr erlebt es nicht - und deshalb benutzt ihr immer noch die Tür „Tod" und „Geburt" oder manchmal „Schlaf", „Traum", manchmal Drogen (was nicht gut ist, weil es eine Mischung aus Verstand und dem ist, was wir hier haben - und das ist sehr verwirrend für euer Selbst) und Meditation. Für jene,

think with our whole body, we feel with our whole body, with all the chakra centres that you have and we have. We do not exist in a time-space-world - we are in a „I want beauty therefore there is beauty"-world. And you, yes you! know this world. Children bring this magical world into the earthly world -so children ARE the doors, if you allow them to be.

We have forests and houses, gardens where children play, they swing on swings, they laugh in ecstasy, we "make" music, we „talk", we walk, we sit under trees, we walk over meadows, but we don't have to mow them! All these flowers, lilies, roses smell and we smell them both together and individually. When we walk and „talk" we touch each other, bodies of light. When we talk our „mantles" of light mingle and produce new colours. These new colours are the „meanings" we talk about. Our visions become reality instantly for eternity. This is what we envision and we experience it. This here where we are is also Earth, the light body of mother Earth. And what is behind all that? Consciousness, pure consciousness, imbedded in each other in this sea of Love-consciousness, which is called God/Goddess/All That Is or just CREATION.

die das Wort „Aura" kennen (oder „Ätherischer Körper") ist es noch leichter zu verstehen: Wir hier sind nur Aura, ohne physischen Körper, und ihr seid Aura, die einen physischen Körper produziert hat und zusätzlich die ganze Hülle des Erd-Bewußtseins. Wir glauben an und erfahren den „Aura-Körper", und wir erschaffen einen Lichtkörper mit Augen, Ohren, mit allem - aber diese Augen sehen nicht und diese Ohren hören nicht, sie sind Reflexionen unserer Liebe für die menschliche Erfahrung. Die „MENSCHLICHE ERFAHRUNG" umfaßt viel mehr, als ein Mensch in einer physischen Form auf Erden zu sein, denn die „MENSCHLICHE ERFAHRUNG" schließt auch uns hier ein. Mensch zu sein ist ein Aspekt Gottes - und Gott LIEBT es, in menschlicher Gestalt zu erscheinen, weil er diese Idee erschaffen hat und sie so liebt, wie jeder das tut. Und weil jeder glaubt, daß Gott ein alter Mann mit Bart ist, deshalb erscheint er auch „von Zeit zu Zeit" so (sie kichert).

Ihr auf der Erde glaubt an euren physischen Körper, und einige von euch glauben so fest an ihn, daß ihr euch kaum etwas anderes vorstellen könnt. Das ist völlig in Ordnung, und ihr habt dafür euren Grund. Macht

Out of this springs everything that moves into form and to this returns everything that goes back home and all levels of joy and life can be experienced on the levels between. Breathing out and breathing in - this is eternity.

Now you might think that if it is so beautiful where you are Diana, why did you become physical and why also have we. Would it be enough of an explanation if I ask you, why did you play „Cops and Robbers" as a child? You close your eyes and count to 100 and then you turn around again, open your eyes and see again - and then you start to find all those hiding. Then, when you have seen one, you tap three times on the tree and you shout: „1-2-3 I saw you! You are caught!" This exactly describes how it is. Isn't it simple?

I love you all, oh, how I love you all.

euch also dafür nicht schlecht. Andere denken bereits daran, sich zu einem neuen Glauben hinzubewegen, nämlich, daß beide Welten gar nicht so sehr getrennt voneinander sind und daß Tod und Geburt nicht die einzigen Tore sein sollten. Wenn ihr den allgemeinen Glauben überschreiten könnt, den allgemeinen Glauben an Geburt und Tod, nicht nur mit eurem Intellekt, sondern indem ihr das Ganze auch in eure Aura und euer Bewußtsein einfließen lassen und euch davon überzeugen könnt, daß es an der Zeit ist, es jetzt anders zu machen, dann WERDET ihr es auch anders machen. Jesus (Joshua) konnte übers Wasser gehen, weil er an einem Punkt seines Lebens nicht mehr so sehr an die physische Materie glauben konnte - und er hatte die Tür zur anderen Welt geöffnet. Dies geschah in seinen meditativen Zeiten in der Wüste, aber auch in vielen Lernzeiten, in denen er mit anderen Freunden zusammen war. Aber er ist auf menschliche Weise gestorben aus seinem Mitgefühl heraus, wie wir oben bereits angemerkt haben.

Wie denken wir, wie fühlen wir hier? Wir denken mit dem ganzen Körper, wir fühlen mit dem ganzen Körper, mit all den Chakra-Zentren, die ihr habt und die wir hier auch

haben. Wir sind nicht in einer Raum-Zeit-Welt, wir sind in einer „Ich möchte Schönheit und deshalb gibt es Schönheit"-Welt. Und du - ja, du! - kennst diese Welt. Kinder bringen diese magische Welt in die Erdenwelt - deshalb sind Kinder die Tore dazu, wenn ihr sie sein laßt.

Wir haben Wälder und Häuser, Gärten, wo Kinder spielen, sie schwingen sich hin und her auf Schaukeln, sie lachen in Ekstase, wir „machen" Musik, wir „sprechen", wir gehen, wir sitzen unter Bäumen, wir wandern über Wiesen, aber wir müssen sie nicht mähen. Wir haben all diese Blumen hier, Lilien, Rosen, sie duften, und wir riechen sie alle gleichzeitig und doch jede in ihrer Art. Wenn wir gehen und „reden", dann berühren wir uns mit unseren Lichtkörpern. Wenn wir miteinander sprechen, berühren sich unsere „Mäntel" aus Licht und schaffen neue Farben. Diese neuen Farben entstehen aus den „Bedeutungen", über die wir sprechen.

Unsere Visionen realisieren sich sofort auf ewig. Was wir visualisieren, erleben wir. Dieses hier ist auch die Erde, es ist der Lichtkörper von Mutter Erde.

Und was ist hinter all diesem?

Bewußtsein, reines Bewußtsein, ineinander eingebettet in diesem Meer von Liebes-

bewußtsein, das GOTT/GÖTTIN/ALL DAS, WAS IST oder SCHÖPFUNG genannt wird. Daraus entsteht alles, was sich in Form ausdrückt und zu ihr zurückkehrt, was nach Hause geht. Auf den Ebenen dazwischen werden alle Arten von Freude und Leben erfahren.
Ausatmen und einatmen - das ist Ewigkeit.

„Nun", denkt ihr vielleicht, „wenn es so wunderschön ist, wo du bist, Diana, warum bist du dann auf die Erde gekommen und hast einen Körper Angenommen, und warum haben wir einen Körper angenommen?" Würde es als Erklärung ausreichen, wenn ich euch fragte, warum ihr als Kinder „Räuber und Gendarm" gespielt habt? Oder warum ihr „Verstecken" gespielt habt? Du drehst dich zu einem Baum, du schließt die Augen, du zählst bis 100, und dann drehst du dich wieder herum, öffnest deine Augen und mußt all die finden, die du kennst. Dann, wenn du jemanden gesehen hast', klopfst du dreimal auf den Baum und rufst:"Eins-zwei-drei, ich hab' dich gesehen und du bist gefangen!". Das beschreibt es genau, wie es ist.
Das ist doch einfach, oder?

Ich liebe euch, oh, wie ich euch alle liebe!

About Enlightenment, the Light Body of the Earth, the Holy Sites, the Return of the Mighty Dragon und the Coming back in the Light

August 24th '99

We live here very much in the same way Dietrich has described the „crystal cities"* and, in fact, in the Land of Lemuria, the worlds were not separated in the way they were later. You could go from one world to the other by teleportation or by dreaming and it is still possible. In their „dreamtimes" the shamans and aborigines, go into deep contemplation and open the doors - at least to the anterooms - which are the spaces between the physical and the non-physical worlds. There are many levels in between, it is true.

This is also called enlightenment. And in fact it IS enlightenment. It is understandable that many seek enlightenment through asceticism and denying the body, because they seek to reach a non-physical world. The problem is that you only reach true enlightenment if you LOVE your body and LOVE your life - knowing, that you yourself decided to come to the physical plane in the first place - and if you are truly grateful for

*Dietrich von Oppeln "Die Kristallstädte von Lemuria" published by ch. falk-verlag, seeon

Über die Erleuchtung, den Lichtkörper der Erde, die Heiligen Plätze, die Wiederkehr des mächtigen Drachens und die Wiederkehr im Licht

24. August '99

Wir leben hier ziemlich genauso, wie Dietrich die Kristallstädte* beschrieben hat. Tatsächlich war dieses Land Lemuria nicht so sehr abgetrennt, die Welten waren nicht so getrennt voneinander, wie es dann später der Fall war. Man konnte von einer Welt in die andere mittels Teleportation oder Träumen gehen - und es ist immer noch möglich. Die Traumzeiten der Schamanen und der Aborigines, jene, die in die tiefe Innenschau gehen, öffnen die Türen - zumindest zu den Vorräumen - zwischen Physischem und Nichtphysischem. Es gibt Ebenen dazwischen, das ist wahr.

Dies wird auch Erleuchtung genannt. Es ist tatsächlich Erleuchtung. Es ist verständlich, daß viele die Erleuchtung durch Askese und durch die Verleugnung des Körpers suchen - weil sie in eine nichtphysische, nichtkörperliche Welt gehen möchten. Das Problem dabei ist, daß man wirkliche, wahre Erleuchtung nur erleben kann, wenn

*Dietrich von Oppeln "Die Kristallstädte von Lemuria" erschienen im ch. falk-verlag, seeon

the gift of life that was given you by God or call it „creation".

If you feel like a victim and believe it, you cannot choose and you deny that you have chosen. This keeps you in the belief system of physicality, and this is why victimhood still exists in your world. Victimhood, pain and hopelessness, martyrdom and power over others, manipulation, oppression and exploitation - these are the things which need to be eliminated from world consciousness, so that she can move to a higher realm. Now there were times - in Atlantis and other civilisations - when the Earth, at least part of her, seemed to be closer to „the other worlds" than it is today. But in fact Lemuria and Atlantis also showed us where the Earth and this world are now able to move to. They will not move backwards to the old culture, but forward REMEMBERING and INCLUDING the best of the ancient cultures, their myths and legends.

The Holy Grail, the Holy Gathering, essenic philosophy and way of life, Avalon and Assisi, the King's Chamber and Tor, the Externsteine and the singing stones of Egypt, the apparitions of Mary, the Queen of

man seinen Körper und sein Leben LIEBT und weiß, daß man sich entschieden hat, auf die physische Ebene zu kommen - und wenn man willens ist, für das Geschenk des Lebens dankbar zu sein, was einem von Gott, - oder nenne es anders: von der Schöpfung - gegeben wurde.

Wenn du dich wie ein Opfer fühlst und glaubst, daß du eines bist, kannst du nicht wählen und leugnest, daß du gewählt hast. Das hält dich im Glaubenssystem der Körperlichkeit fest und daher ist das Opfer immer noch so sehr Bestandteil eurer Welt. Opfer, Schmerz und Hoffnungslosigkeit, Märtyrertum und Macht über andere, Manipulation, Unterdrückung und Ausbeutung - dies sind die Dinge, die aus dem Weltbewußtsein eliminiert werden müssen, damit es sich auf höhere Ebenen bewegen kann. Nun, es gab Zeiten - in Atlantis und zu anderen Zeiten -, wo die Erde, zumindest ein Teil von ihr, dieser „anderen" Erde näher zu sein schien als heute. Tatsächlich wurde in Lemuria und Atlantis offenbart, wohin die Erde, wohin die Welt in der Lage ist, sich zu bewegen. Sie wird nicht zu den alten Kulturen zurückkehren, sie wird vorwärtsgehen, indem sie sich an die guten alten Kulturen erinnert und sie und die

heaven and the apparition of the Morning Star, the fairy realms and the realms of the elves, the deep grounds of the dragon and the high grounds of the holy falcon, the wide country of the eagle, the ondines of the Nile, the dreaming caves of Kailash, the golden temple of Shasta, the leylines of the Mystics, the fingerprints of the Mighty carved in the sands of Mexico and Peru, the sound of the spirals and the holy serpents in the crop circles of England, the blasts of the sea and the thunders from the seven heavens, the spreading out of seven times seven stars, the double tetrahedron splitting time and space, Yin and Yang racing along the lines of the universe, spinning wheels of power and consciousness, wheels of fire and wheels of water, producing the mighty steam through the valves of thinking and being - producing the new man and the new woman in a new Earth which know how to receive the twelve doors of the unknown. This is the birth „all that is" is preparing - and we are in awe. A Universal Machine in its majesty which no eye has ever seen - a spiritual steam engine - and you feel her power - she is moving - and the serpents dance.

The dragon from the deep raises its head.

Mythen und Legenden einbezieht.

Der Heilige Gral, die Heilige Versammlung, die Essenische Philosophie und Lebensart, Avalon und Assisi, die Königskammer und Tor, die Externsteine und die singenden Steine von Ägypten, die Erscheinungen Marias, der Himmelskönigin, und die Erscheinung des Morgensterns, das Reich der Feen und der Elfen, die tiefen Gründe des Drachens und die hohen Gründe des heiligen Falkens, das weite Land des Adlers, die Undinen des Nils, die Traumhöhlen des Kailash, der goldene Tempel des Shasta, die Leylines der Mystiker, die Fingerabdrücke der Mächtigen, eingegraben in den Sand von Mexiko und Peru, der Klang der Spiralen und die heiligen Schlangen in den Kornkreisen von England, die gewaltigen Stürme des Meeres und die Donner von den sieben Himmeln, die Ausbreitung der sieben mal sieben Sterne, der Oktaeder, der Zeit und Raum trennt, Yin und Yang, die entlang den Linien des Universums um die Wette laufen, die drehenden Räder von Macht und Bewußtsein, die Räder des Feuers und die Räder des Wassers, die den mächtigen Dampf durch die Ventile von Denken und Sein erzeugen - die den neuen Mann und die neue Frau erschaffen auf einer neuen Erde, die wissen, wie sie die

She is the universal machine, and steams from her mouth. The dragon whom Atlas had banned from the Earth, this dragon is now freed and takes her back the Earth into her womb.

No, we do not sleep here. Everything your body has to do to survive -and you need to sleep to survive - we don't need to do. But we dream. I dream. We dream good and beautiful dreams about you.

The dragon I have talked about is very mighty but also very loving. In my „last lifetime", as Princess of Wales, I loved stories about dragons. I knew dragons were very angry with those who fought with them who were not of pure Character, and they loved to fight with those who had a pure mind. But still they were fighting „furiously", because they loved to fight. And then, at one point, when this little hero with his sword like a toothpick, jumped up and down, shouting: „I will kill you, you mighty dragon …" they tried not to laugh but blew some fire into a safe direction, put their head down, shed a tear and said: „Oh you big hero, please spare my life … then I will open my treasures for you." And the hero, putting back the toothpick into his

zwölf Tore des Unbekannten empfangen. Das ist die Geburt, die „Alles, was ist" vorbereitet - und wir sind in tiefer Ehrfurcht. Eine universelle Maschine in ihrer Majestät, die noch kein Auge je gesehen hat - eine spirituelle Dampfmaschine - und du fühlst ihre Macht - sie bewegt sich - und die Schlangen tanzen.

Der Drachen aus der Tiefe hebt sein Haupt. Sie ist die universelle Maschine, und Dampf dringt aus ihrem Maul. Der Drachen, den Atlas von der Erde verbannt hat, dieser Drachen ist befreit und nimmt sie, die Erde, zurück in seinen Leib.

Nein, wir schlafen hier nicht. Alles, was euer Körper tun muß, um zu überleben - und ihr müßt zum Beispiel schlafen, um zu überleben - müssen wir nicht tun. Aber wir träumen. Ich träume. Wir träumen von euch, gute und wunderschöne Träume.

Der Drache, über den ich gesprochen habe, ist sehr mächtig, aber auch sehr liebevoll. In meiner „letzten Lebenszeit" als Prinzessin von Wales liebte ich Geschichten über Drachen. Ich wußte, daß Drachen sich sehr über die ärgerten, die mit ihnen kämpften und nicht von reinem Wesen, nicht von

belt, said with a proud voice: „Usually I kill every dragon along the line, but in your case I will be merciful ..." and the dragon gratefully lets go of some „last" steam, cautiously, so as not to hurt the hero, while the hero sings his victory song about a steamless dragon.

Yes, we dream ... and we are happy to know what your dreams are. Often you complain that our dreams for you are not coming through, that they are not materialising on the planet „NOW". First we really do not know here what NOW means, but we feel the pressure when you want something!

Now we'll tell you what we can and can't do for you from here.

If you understand what we have said above, then you realise that we are not moving things around in your reality. We connect with your reality, we see the situation and we touch consciousnesses here and there. We actually can talk to you and others on many realms and levels, but there is still this one filter which is in and around any consciousness producing any form, and this filter is called DECISION.

reinem Charakter waren, dagegen liebten sie es, mit denen zu kämpfen, die lauter waren. Aber auch dann haben sie schrecklich „heftig" gekämpft, weil sie es liebten, zu kämpfen. An einem bestimmten Punkt des Kampfes, als dieser kleine Held mit seinem Schwert wie ein Zahnstocher auf- und niedersprang und rief: „Ich werde dich töten, du mächtiger Drache!", versuchten sie nicht zu lachen, sondern bliesen vorsichtig etwas Feuer in eine sichere Richtung, legten ihren Kopf nieder, weinten eine Träne und sagten: „Oh, großer Held,...verschont mein Leben ... dann will ich meine Schätze für euch öffnen." Der Held, während er seinen Zahnstocher in seinen Gürtel zurücksteckte, sagte darauf mit stolzer Stimme: „Gewöhnlich töte ich jeden Drachen, der mir in die Quere kommt, aber in deinem Fall will ich Gnade walten lassen...", und der Drache ließ dankbar noch etwas von seinem „letzten" Dampf ab, vorsichtig, so daß er den Helden nicht verletzte, während der Held sein Siegeslied von einem dampflosen Drachen sang.

Ja, wir träumen ... und wir sind glücklich, wenn wir eure Träume kennen. Oft beklagt ihr euch darüber, daß eure Träume nicht zu uns durchkommen, daß

We talk patiently, we talk mightily, we dream dreams, we put out visions as you do, we affirm, we press, whatever and still ... there are no ways to interfere into your reality if there is not a willingness and/or a decision. Now, I want different things for my sons, that is clear. I talk to them by night and day, I do it with Charles and others, but they can still decide not to hear. It is WONDERFUL if some of you hear. Also the people who have apparitions of Mary or other beautiful in-SIGHTS, such people are open for this period of time just as when a cloud is torn apart and the sky comes through. These are wonderful moments for us here, especially for those whose purpose it is to help you from here. Not all want to do this ... not all know how to do it.

But the more you are working on your openness, the more you work on being there and here at the same time - being fully conscious - the more we can help, because we can show you things WE see about your world and give valuable hints, insights and answers.

But there are forces we can awake just as you can. One force is the LOVE of the DRAGON. The dragon CAN move things

in your reality and does. But in order that the dragon does loving things, you must work on your own purity. And you need to know how to call the dragon. After reading this book, if you have a pure and willing heart, you will know how to call the dragon. We know your pain and we want to ease it. Pain is a terrible blocker, it numbs you, it alienates you from clarity and creativity. Pain keeps you from wanting to live, keeps you from wanting to awaken the dragon and from wanting the magic of life.

This dragon is a magician. He/she cannot work with people who are not responsible, who are martyrs, who are into self-pity. You must be able and willing to seek and realise your own magic power in order to work with the dragon. You need to change your image of a person who is bound by common belief systems to one who wants to step into the unknown and be powerful in it - who wants to split the common belief system with the sword of the light and slip through the cracks of the wall.

You need to let the light come through the cracks and the way you do it is by contemplating the unknown with passionate and intensely imaginative

anderen - und sie können sich immer noch dafür entscheiden, nicht zuzuhören. Es ist wunderbar, wenn einige von euch zuhören. Auch die Menschen, die Marienerscheinungen oder andere wunderbare Einsichten haben, sind dafür eine gewisse Zeitlang offen, oder sie haben eine Öffnung gefunden. Es ist so, wie wenn die Wolken aufreißen und der Himmel kommt durch. Dies sind wunderbare Momente für uns hier - insbesondere für diejenigen, deren Absicht es ist, euch von hier aus zu helfen. Nicht alle wollen das ... nicht alle wissen, wie es geht.

Aber je mehr ihr an eurer Offenheit arbeitet, je mehr ihr daran arbeitet, hier und dort gleichzeitig und euch dessen bewußt zu sein, umso mehr können wir helfen - weil wir euch Dinge zeigen können, die wir über eure Welt sehen. Wir können euch wertvolle Hinweise, Einsichten und Antworten geben.

Es gibt Kräfte, die wir erwecken können, wie ihr. Eine Kraft ist die LIEBE des DRACHEN. Der Drachen kann Dinge bewegen in eurer Realität, und er tut es auch. Damit aber der Drachen liebevolle Dinge tut, müßt ihr an eurer Reinheit arbeiten. Ihr müßt

EXPECTATION!

When I was a child, I felt so powerful in my daydreaming. You need to go back to this kind of powerful daydreaming, and give yourself time. Do it in the cave of the dragon, show him/her your visions and dreams and let the universal steam engine move for you.

This IS possible, this IS your heritage! This IS part of the HUMAN EXPERIENCE, just as it is to ask for help - to ask fairies for help, gnomes and elves. They are mighty and powerful entities, in fact the fairy world is very close to the human world. Fairies have 12 senses, so it is good to slip into the fairy realm and talk with them about their experience of life. I have been there several times and they can see me, because they have senses that enable them to see the „other" world and the beings there.

Of course there are his guides and other unseen friends around every physical human being.

What fills your soul is freedom and love, it is the knowing that you are safe. Yes, you are. Because your longing to go home is so

auch wissen, wie man den Drachen ruft. Wenn du dieses Buch gelesen hast, und wenn du ein reines und williges Herz hast, wirst du wissen, wie du den Drachen rufst.

Wir kennen euren Schmerz, und wir möchten euren Schmerz lindern. Schmerz ist ein schrecklicher Blockierer, er betäubt dich, er vernebelt Klarheit und Kreativität. Schmerz hält dich davon ab, leben zu wollen, hält dich davon ab, den Drachen erwecken zu wollen, hält dich davon ab, die Magie des Lebens zu wollen.

Dieser Drachen ist ein Magier. Er/sie kann nicht mit Leuten arbeiten, die nicht verantwortlich sind, die Märtyrer sind, die in Selbstmitleid verfallen - ihr müßt fähig und willens sein, eure eigene magische Kraft zu suchen und zu erkennen, um mit dem Drachen zu arbeiten. Du mußt dich von einer Person, die an ein allgemeines Glaubenssystem gebunden ist, in eine Person verwandeln, die bereit ist, auf das Unbekannte zuzugehen und darin kraftvoll zu sein. Eine Person, die das allgemeine Glaubenssystem mit dem Schwert des Lichts spalten und durch diesen Spalt in der Mauer hindurchschlüpfen will. Ihr müßt das Licht durch diesen Spalt kommen lassen - und die Art, wie ihr das tut, ist, daß ihr euch auf das

much greater than everything else. There is freedom - you have the freedom to leave and come, you have the freedom to do what you want. I know how I thought about that and I know what you think.

Sure, it looks as though you are bound to your past, to what you have learned and accomplished so far in your life - but still, you have freedom, because this physical life is not all that is there. It is important, yes, and it would be wonderful if you could enjoy the freedom you have as a child of creation. The thought alone is wonderful, and it binds us together.

What we said yesterday seems complicated, because we want you to understand something, but it can also be expressed simply as: I feel you, I love you, I am not far from you. We see you, we smile at you, sometimes we have tears in our eyes, because we love you so much - we cry when you cry we laugh when you laugh- of course, we never laugh at you, because we think that we are somehow in a superior position to you.

If I could just materialise in your world which was so often mine (and I am working

Unbekannte mit leidenschaftlicher und sehnsüchtiger, bildhafter ERWARTUNG ausrichtet.

Als ich ein Kind war, fühlte ich mich so mächtig in meinen Tagträumen. Ihr müßt zu dieser Art von machtvollen Tagträumen zurückkehren. Gebt euch Zeit. Tut es in der Höhle des Drachens, zeigt ihm/ihr eure Visionen und Träume. Laßt die universelle Dampfmaschine für euch arbeiten!

Das IST möglich, das IST euer Erbe. Das IST ein Teil der MENSCHLICHEN ERFAHRUNG, wie es auch ein Teil dieser Erfahrung ist, Feen, Gnome und Elfen um Hilfe zu bitten. Sie sind mächtige und kraftvolle Wesenheiten. Tatsächlich ist die Feenwelt der Menschenwelt sehr nahe. Feen haben 12 Sinne, so ist es sehr gut, in das Feenreich zu schlüpfen und von ihnen zu erfahren, was sie über das Leben wissen. Ich bin dort mehrere Male gewesen, und sie können mich sehen, weil sie Sinne haben, mit denen sie die „andere" Welt und die Wesen dort sehen können.

Was deine Seele erfüllt, sind Freiheit und Liebe, ist das Wissen darum, daß du sicher bist.

Ja, du bist sicher, weil deine Sehnsucht danach, nach Hause zu gehen, so viel größer

on it!) as the Princess of Wales, coming back with Dodi, walking back through the tunnel, we would come radiating a brilliant light.
(The photographers could spare their flashlights and it would close their gaping mouths) How often we walked back through the tunnel, hand in hand - though you could not see it, but some of you dreamt it. Yes, we walked back. And there were our friends - and those beautiful stars over Paris, this wonderful summer night on another August 31st. We walked back through the tunnel and came out on your side.
The paparazzis stood there and the crowds of people. They were laughing, shouting, they threw their arms into the air. And we Dodi, myself and our friends - whom you know - walked through the streets of Paris and the windows of all houses opened and the people cried and laughed and were dancing in the streets.
And we just walked there and smiled - hand in hand. Streams of love were shimmering through the air of this wonderful evening of liberation and freedom.
Then we got into the Mercedes which had turned and an escort accompanied us back to the Ritz, and people who had heard from our miraculous rescue were waving and

ist als alles andere. Du bist frei, zu gehen und zu kommen, du bist frei, zu tun, was du tun willst.
Ich weiß, was ich darüber dachte, und so weiß ich, was du darüber denkst.
Natürlich sieht es so aus, als ob du an deine Vergangenheit gefesselt bist, an das, was du gelernt und bis jetzt im Leben erreicht hast - dennoch hast du Freiheit - denn dieses körperliche Leben ist nicht alles, was es gibt. Es ist wichtig, durchaus, und es ist wundervoll, wenn du die Freiheit als ein Kind der Schöpfung genießen kannst.
Allein der Gedanke daran ist wundervoll, und er verbindet uns.
Was wir gestern gesagt haben, erscheint kompliziert, weil wir wollen, daß ihr etwas versteht - aber wir können es auch sehr einfach sagen - ich fühle euch und ich liebe euch. Ich bin nicht weit weg von euch. Wir hier sehen euch, wir lächeln euch an, manchmal haben wir Tränen in den Augen, so sehr lieben wir euch. Wir weinen, wenn ihr weint, und wir lachen, wenn ihr lacht. Wir lachen euch aber nie aus, weil wir uns als etwas Besseres vorkommen.
Wenn ich mich doch nur in eurer Welt, die so oft meine war, materialisieren könnte (und ich arbeite daran!), um wieder zurückzukommen als die Prinzessin von Wales,

smiling to us along the streets.
And the stars were singing and the people riding the motorcycles on the left and right of the car were, I knew, my friends of old, because they were surrounded by light. And it was strange, it looked as if they also rode on white horses, in the armour of brilliant light.

This is true. I walked back through the tunnel. Hand in hand with Dodi.

England and Egypt in one - and the seven stars arose. They a-rose. The wedding has happened.

zurückzukommen mit Dodi, zurückzugehen durch den Tunnel. Wir würden zurückkommen, umgeben von strahlendem Licht.
(Die Fotografen könnten sich ihr Blitzlicht sparen, und ich würde ihre vor Staunen offenen Münder schließen.)
Wie oft wir durch diesen Tunnel zurückgegangen sind, Hand in Hand - aber ihr konntet es nicht sehen. Einige von euch haben es geträumt.
Ja, wir sind zurückgegangen. Und da waren unsere Freunde - und diese wunderschönen Sterne über Paris, diese wundervolle Sommernacht an einem 31. August. Wir gingen zurück durch den Tunnel, und wir kamen auf dieser Seite heraus.
Die Paparazzis standen da und eine große Menge Menschen. Sie lachten, sie jubelten, sie warfen vor Freude die Arme in die Luft. Und wir, Dodi, ich und unsere Freunde - die ihr kennt - wanderten durch die Straßen von Paris. Die Fenster aller Häuser öffneten sich und die Menschen weinten und lachten und tanzten in den Straßen.
Und wir gingen einfach und lächelten - Hand in Hand. Ströme der Liebe atmeten die Luft dieser wundervollen Nacht der Erlösung und der Freiheit.
Dann bestiegen wir den Mercedes, der ge-

wendet hatte, und eine Eskorte begleitete uns zurück zum Ritz, und die Menschen, die von unserer wunderbaren Rettung gehört hatten, winkten und lachten uns entlang der Straßen zu.

Und die Sterne sangen und die Menschen, die die Motorräder links und rechts unseres Wagens fuhren - ich wußte, es waren meine Freunde von damals - weil sie umgeben waren von Licht.

Und es war seltsam, es war, als ritten sie auf weißen Pferden in Rüstungen aus strahlend hellem Licht.

Es ist wahr. Ich bin durch den Tunnel zurückgegangen, Hand in Hand mit Dodi. England und Ägypten sind eins geworden - und die sieben Sterne sind aufgegangen. Sie sind aufgegangen wie eine Rosenblüte (Wortspiel: "they a-rose"). Die Hochzeit ist vollzogen.

Love and Truth will be victorious
August 30th '99

Those who keep me in their heart will not be disappointed. Those who keep the truth in their heart will not be disappointed. You do so many awful things to each other, and what some of your media try to do to me, even what some of my former friends do - the way my love is returned so distorted, the way they want to make me out as a sick person - this is exactly, what many of you do to each other and to yourselves.

It seems as if nobody can bear true love. Love so often gets polluted in your world. So often my Love was misunderstood and polluted throughout my life time and even now. Now they say that the millions who laid down these flowers in their love - not only for me, but for what I represented - were victims of their own delusions. This is very sad. Well, it cannot take away what I am to these people and always have been - but it does show how weak the human heart is, how easily it can be seduced, can be shut

down allowing the ego and the sensationalism to take over.

It is unnecessary to name the ones who are just waiting for a chance to pollute my memory in the hearts of the people. They do not hurt me - they try to hurt you - and they try to hurt my sons and irritate them. For this they will pay - not because I am vengeful - but still I know they will pay for it. Because LOVE and TRUTH cannot be shut down, cannot stay polluted. The stone was rolled away and the light broke through. It always will. The light is too strong.

The light breaks through in you and through you. It will and it is on the way. Truth and Integrity, dignity and loving kindness, trust and honesty are like a strong river. First there are creeks, then waterfalls, then little curling streams - and then the waters combine to the river of life - so mighty, so strong, you cannot hold it back with dams, you cannot keep it in any artificial lakes - it rolls down into the sea and back to its home.

They talk of the many ways I was fallen in love during my lifetime. Yes, this is true. But I did not only love men, I loved women,

deute und immer bedeutet habe. Es zeigt aber auch, wie schwach das menschliche Herz ist, wie leicht es verführt werden kann, wie leicht es sich verschließt, so daß Ego und Sensationshunger ihre Parade abhalten können.

Es ist unnötig zu sagen, wer diejenigen sind, die nur darauf warten, die Erinnerung an mich in den Herzen der Menschen zu vergiften.

Sie tun mir nicht weh - aber sie versuchen, euch weh zu tun - und sie versuchen, meinen Söhnen weh zu tun und sie zu irritieren. Dafür werden sie bezahlen - nicht weil ich Rachegefühle habe -, ich weiß einfach, daß sie dafür bezahlen. Weil LIEBE und WAHRHEIT nicht auf Dauer niedergemacht oder vergiftet werden können. Das Licht brach durch und der Stein rollte zur Seite. Das wird immer so sein. Das Licht ist zu stark.

Das Licht bricht durch - in euch und durch euch. Es wird geschehen, es ist auf dem Weg. Wahrheit und Integrität, Würde und Herzlichkeit, Vertrauen und Ehrlichkeit sind wie ein starker Fluß. Zuerst entstehen Bäche, dann die Wasserfälle, dann die schmalen quirligen Ströme - und dann vereinigen sich die Wasser zum Fluß des Lebens - so machtvoll, so stark, daß du ihn

children, animals, plants - I just loved. I loved always with all my heart, I always loved fully, completely. I was never clever when I loved, I never thought about the „right way" to love, I just loved. Perhaps I did terrible or funny things, things which nobody understood, things which seemed to be silly, things which made no sense - LOVE does not make sense, people, LOVE is not rational. When I was in love I just DID love, I did it 100%, not a little bit. I loved fully.

When you jump into the ocean, you do not jump just a little bit, you do not get wet just a little bit, you get wet all over, isn't that true? Who in all the world loves fully. Who in all the world is a human being, 100%? If you dance, you must do it fully, if you play the violin you must do it with all your heart and expertise, otherwise it looks and sounds terrible. And so many of you love a little bit, just so much that it is safe. Love IS crazy, because LOVE is more than your rational thoughts, love comes from the expertise of your heart.

It is true that I often experienced rejection when I loved so much. Still I found that this love was more important than everything

nicht durch Dämme aufhalten kannst, du kannst ihn nicht durch irgendwelche künstlichen Seen bändigen - er rauscht hinab in das Meer, wo er zu Hause ist.

Sie sprechen von den vielen Liebschaften, die ich zu meinen Lebzeiten hatte. Ja, das ist wahr. Aber ich liebte nicht nur Männer, ich liebte auch Frauen, Kinder, Tiere und Pflanzen - ich liebte ganz einfach. Ich liebte immer mit meinem ganzen Herzen, immer ganz und gar. Ich war nie klug, wenn ich liebte, ich habe niemals über den „richtigen Weg" zu lieben nachgedacht, ich habe einfach geliebt. Manchmal habe ich schreckliche und manchmal lustige Sachen gemacht, die niemand verstand, Sachen, die dumm erschienen, die keinerlei Sinn machten - LIEBE macht keinen (verstandesmäßigen) Sinn, Leute, LIEBE ist nicht rational! Wenn ich liebte, TAT ich LIEBE ganz einfach, ich lebte sie 100%ig, nicht nur ein bißchen. Ich liebte ganz.

Wenn man in einen Ozean springt, dann springt man nicht nur ein bißchen hinein, man wird nicht nur ein bißchen naß, man wird ganz und gar naß, ist das nicht so? Wer in aller Welt liebt total? Wer in aller Welt ist das 100%ige menschliche Wesen? Wenn

else – but I also knew that when you do things embedded in love you do them so much more efficiently, so much better.

Mother Theresa loved God and people, and her strength came from her deep love of God and a deep promise she had made. My strength came from my love of creation, and I found the most creational love in the love of a man.

This for many very hard to believe, but please realise that I experienced my love of God through my love for a man. And it was meant to be this way. This is the gift God has given to us that we can experience „Him" through the love between a man and a woman.

To experience this was my deepest desire, because I knew that then I was strong, I could do something for others and that I was able to change the world.

When a man and a woman really love each other and if they want to find godliness in each other, then they can change the world. Now, you might ask, how I thought I could find deep love with a Muslim – first with Hasnat and then with Dodi.

I tell you, do not underestimate the beauty of the Islam. There are very wonderful

du tanzt, mußt du es ganz tun, wenn du die Geige spielst, mußt du es mit deinem ganzen Herzen und Können tun, sonst sieht es schrecklich aus und hört sich auch so an. So viele von euch lieben nur ein bißchen, gerade mal so viel, daß es noch sicher ist. Liebe IST verrückt, weil LIEBE mehr ist als eure vernünftigen Gedanken. Liebe kommt von der Meisterschaft eures Herzens.

Es ist wahr, ich habe oft Ablehnung erfahren, wenn ich zu sehr geliebt habe. Dennoch fand ich, daß Liebe wichtiger ist als alles andere. Ich wußte, daß man etwas so viel wirkungsvoller und besser tut, wenn man es aus Liebe tut.

Mutter Theresa liebte Gott und die Menschen. Ihre Stärke kam von ihrer tiefen Liebe zu Gott und von einem tiefen Versprechen, das sie abgelegt hatte. Meine Stärke kam von meiner Liebe zur Schöpfung – und die schöpferischste Liebe fand ich in der Liebe zu einem Mann.

Das ist vielleicht schwer zu glauben, aber ich fand meine Liebe zu Gott in meiner Liebe zu einem Mann. Aber so ist es gedacht. Es ist das Geschenk, das Gott uns gemacht hat, daß wir „ihn" erfahren können in der Liebe zwischen Mann und Frau.

people in this world, people, who understand a lot about God and of creation. They pray each and every day, they have a very deep love and dedication to God. Yes, there are fundamentalists. Yes, there are those who prefer to keep more of the form and tradition rather than the aliveness of the power of God's spirit. But there are also others, those related to the mystic schools, such as the Sufis, who are always alive in seeking the deepest possible oneness with God. You find many, many very dedicated people within Islam and many of them do understand women. Yes, they do. They understand it out of their love for God - and the veils women wear should never imprison but instead protect the woman and keep her holy - not for the man, but for God. Yes, much of this is distorted, but originally it was meant this way. Not in a sense of imprisonment, but as a way of exalting her, to emphasise her mystic power.

This is what I first experienced with Hasnat and especially later, in such deep mystical and magical ways, I experienced it with Dodi.
He had this way of elegant dedication, the best of Muslim tradition, and a background of Egyptian magic.

Dies zu erfahren war mein tiefster Wunsch, weil ich wußte, daß ich dann stark war - dann konnte ich etwas für andere tun und war in der Lage, die Welt zu verändern.
Wenn sich ein Mann und eine Frau wirklich lieben, wenn sie Göttlichkeit ineinander finden, dann können sie die Welt verändern.
Jetzt fragt man sich vielleicht, wie ich mir denn das vorstellte, tiefe Liebe mit einem Moslem zu finden - zuerst mit Hasnat und dann mit Dodi.
Unterschätzt nicht die Schönheit des Islam. Es gibt dort wirklich wundervolle Menschen, die viel von Gott und der Schöpfung verstehen. Sie beten jeden Tag, sie haben eine tiefe Liebe und Hingabe an Gott. Ja, es gibt Fundamentalisten. Ja, da sind solche, die mehr die Form und Tradition erhalten wollen als die Lebendigkeit des Geistes Gottes. Aber da sind auch die anderen, jene die den mystischen Schulen nahestehen, wie den Sufis, die immer nach der tiefsten Einheit mit Gott strebten. Man findet sehr viele hingebungsvolle Menschen unter den Moslems, und viele von ihnen verstehen Frauen. Ja, wirklich! Sie verstehen sie aus ihrer Liebe zu Gott - und der Schleier, den eine Frau tragen sollte, war nie dafür gedacht, ihr die Freiheit zu nehmen, sondern

In Dodi I came home, home from a long search - it was not just a summer love, it was eternity and is. Whatever the press says, whatever all these so called „friends" might say - this is what I say.

It is not necessary that anybody believes it - but you, you who are confused, you, who know, I tell you that this is the truth.

I pursued every love before with the same dedication, this is true, and many could not understand - and I knew, it would lead me to the one experience I had always searched for, suffered for, run for - the true wedding of hearts. These six weeks we knew each other, they were my honeymoon.

I came home. My passionate search, my insatiable thirst, my deepest prayers were finally answered, quenched, fulfilled - in this moment a new star was born on the horizon. And it is there ever since.

Dodi's Film: „Chariots of fire" - this is what we are, we were, we will be.

er sollte sie schützen, sie heilig halten - nicht für den Mann, sondern für Gott.
Ja, vieles ist inzwischen verzerrt worden, aber ursprünglich war es so gedacht. Es ging nicht darum, die Frauen zu unterdrücken, sondern sie zu preisen, ihre mystische Kraft zu unterstreichen.

Das ist es, was ich von Hasnat erfuhr und ganz besonders auf solch mystische und magische Weise von Dodi.
Er hatte diese Art von eleganter Hingabe, das Beste der moslemischen Tradition vor dem Hintergrund ägyptischer Magie.
Durch Dodi kam ich nach Hause, nach Hause von einer langen Suche - es war nicht nur eine Sommerliebe, es war Ewigkeit und ist es noch. Was immer die Presse sagt, was immer Freunde und jene sogenannten „Freunde" sagen - das ist, was ich sage.

Es ist nicht so wichtig, daß jeder das glaubt - aber ich möchte, daß du die Wahrheit erfährst, du, der du verunsichert bist - wisse, das ist die Wahrheit.

Es ist auch wahr, daß ich immer mit derselben tiefen Hingabe geliebt habe, und viele konnten das nicht verstehen. Ich wußte, daß es mich zu der einen Erfahrung bringen

würde, nach der ich immer gesucht, für die ich gelitten und nach der ich mich verzehrt habe - die wahre Hochzeit der Herzen. Diese sechs Wochen unseres Zusammenseins - sie waren meine Flitterwochen. Ich war nach Hause gekommen. Meine leidenschaftliche Suche, mein unstillbarer Durst, meine tiefsten Gebete wurden endlich erhört, gestillt, erfüllt - in diesem Moment war am Horizont ein neuer Stern aufgegangen. Und seit dieser Zeit steht er dort.

Dodi's Film:"Chariots of Fire" (Die himmlischen Streitwagen des Feuers) - das ist es, was wir sind, waren und immer sein werden.

About the 31st of August
August 31st '99

Many are thinking of me today, many lit candles, many remember. I am with all of you. I touch your hearts because you touch mine. It does not matter where on Earth you are, I can be with you all at once - this is the beauty of the world in which I am now, I can be with you at „any time", at any place. This is the advantage if you have no body!
Now they write a lot about why and how I died.
Again I say it, this is not important anymore. I am here - and I am in bliss and happiness. But I understand that it might be important for you. Some of you are hurting today very much. Because my departure reminded you that a loved one had left your life, your world.

I am here in all my tenderness. I stand here at the edge of your reality and I open my arms. When you think of me before you go to sleep and you invite me, I will be with you in your dreams.

Zum 31. August
31. August '99

Viele denken heute an mich, viele zünden Kerzen an, viele erinnern sich. Ich bin bei euch allen. Ich berühre eure Herzen, weil ihr das meine berührt. Es ist nicht wichtig, wo ihr auf der Erde seid, ich kann bei allen von euch zur gleichen Zeit sein. Das ist die Schönheit der Welt, in der ich jetzt bin. Ich kann bei euch sein zu „jeder Zeit", an jedem Ort. Das ist der „Vorteil", wenn man keinen Körper hat. Viel wird wieder darüber geschrieben, warum und wie ich starb. Noch einmal sage ich: Es ist nicht mehr wichtig. Ich bin hier - ich bin in der Glückseligkeit. Aber ich verstehe, daß es vielleicht wichtig für euch ist. Einigen von euch tut der heutige Tag sehr weh, weil ihr euch daran erinnert, daß ein geliebter Mensch euer Leben und eure Welt verlassen hat.

Und doch bin ich hier mit all meiner zärtlichen Liebe. Ich stehe hier am Rande deiner Wirklichkeit und öffne meine Arme. Wenn du an mich denkst, bevor du zu Bett gehst und wenn du mich einlädst, dann

About the 31st of August

Thank you for lighting all those candles - I feel the flames of your hearts. Blessed are your tears, blessed is your thirst and hunger for beauty, for goodness, for caring, for love.

Today I would so much like that my sons could feel me - my love for them is beyond anything I can ever express in words.

William, beloved. This seed I have laid into your heart will sprout. I have my hands on the tenderness and love of your heart, the goodness of your character, the beauty of your thoughts. So many times I have been with you, have caressed your hair, have wiped your tears. I am here, mum is here. I will never leave, nor ever forsake you.
When you were in my arms as a baby I was so deeply touched by this miracle, by this promise now being laid at my heart, and I felt your heartbeat. This was greater than any love I have ever experienced, so much comfort, so much tenderness, so much trust. My heart went out and was flying, flying above the green hills of England, above the cliffs of the sea, the dark eyed lakes in the mountains - there was only beauty.
This one evening, when I stood on the

Zum 31. August

werde ich mit dir in deinen Träumen sein.

Danke für all die Kerzen, die ihr entzündet. Ich fühle die Flammen eurer Herzen. Gesegnet seien eure Tränen, gesegnet sei euer Hunger und Durst nach Schönheit, Güte, Achtsamkeit und Liebe.

Heute wünschte ich mir so sehr, daß meine Söhne mich fühlen könnten! Meine Liebe zu ihnen ist jenseits von allem, was ich je in Worte fassen könnte.

William, geliebter Sohn. Der Samen, den ich in Dein Herz gelegt habe, wird aufgehen. Die Zartheit und Liebe Deines Herzens, die Güte Deines Charakters, die Schönheit Deiner Gedanken beschütze ich mit meinen Händen. So oft war ich bei Dir, habe Dein Haar gestreichelt, habe Deine Tränen getrocknet. Ich bin hier, Mom ist hier. Ich werde Dich nie verlassen noch vergessen.
Als du in meinen Armen lagst, als Du ein Baby warst, war ich so tief berührt von diesem Wunder, von diesem Versprechen, das da an meinem Herzen ruhte - und ich fühlte deinen Herzschlag. Das war mehr als jede Liebe, die ich jemals erfahren habe, so viel Trost, so viel Zärtlichkeit, so viel Ver-

balcony, the stars above, the Lights of the city, the noise withdrew, there was only silence - a silence filled with words of promise: „You are my beloved. How much I have thought, envisioned and dreamt of you".

Your golden hair, the sparkles in your eyes, whirling milky ways - I was wondering where you came from, which star had sent you.

Your sweet breath at my shoulders, the little fingers on my arm, your little sweet head snuggled at my neck - so sweet. I counted every breath, I counted every heartbeat.

When I had been in this tunnel, when they tried to get me back, I was only thinking of you and your brother. You, both oh my sons, you both. I see you march the golden streets of the future, hand in hand - and my deepest prayers are for you. Dietrich is crying my tears of my deepest longing, I want to tell you ... If I had ever wanted to come back it would have been for you both, beloved, to stay with you, be with you, comfort and protect you.

O, mighty God, let my prayers be heard. I pray for William my son, William the king, the integrity of his heart and the tenderness

trauen. Mein Herz ging aus und flog, flog über die grünen Hügel von England, hinweg über die Klippen des Meeres, die tiefdunklen Augen der Bergseen - da war nur Schönheit.

Dieser eine Abend, als wir auf dem Balkon standen, die Sterne da oben, die Lichter der Stadt, als der Lärm verebbte, da war nur Schweigen - ein Schweigen, gefüllt mit Worten der Verheißung, Worten wie: Du bist mein Geliebter. Wieviel ich nachgedacht, mir vorgestellt, geträumt hatte - von Dir!

Dein goldenes Haar, Deine schimmernden Augen, wirbelnde Milchstraßen - Woher Du wohl kommen mochtest, welcher Stern Dich wohl gesandt hatte.

Dein süßer Atem an meiner Schulter, Deine kleinen Finger auf meinem Arm, Dein kleiner, süßer Kopf an meinen Hals geschmiegt - so lieblich. Ich zählte jeden Atemzug, ich zählte jeden Herzschlag.

Als ich in diesem Tunnel war, als sie versuchten, mich zurückzuholen, dachte ich nur an Dich und dDeinen Bruder. An Euch beide, meine Söhne, an Euch beide. Dort sehe ich Euch, wie Ihr die goldenen Straßen der Zukunft entlang marschiert, Hand in Hand - und meine tiefsten Gebete gelten

About the 31st of August

of his might, the Truth in his hands -so that the light breaks through his hands and the grass might be greener under his feet. May your peace and protection be with him forever.

You are in my chariot and we fly through the darkest places to enlighten the places of mourning. We comfort those who are in pain and we release those who are imprisoned in injustice. God of peace show us the way. Share your eternity with us, let us be the riders of the horses of light, let our strength never cease.

There is a mountain - a mountain so high, so far, so brilliant in its light. The slopes are covered with sparkling snow and ice, love and truth is rolling down into the valleys. There is a palace of crystal and golden light, which is the home for all who thirst and hunger for justice and truth. There is a door to lands you have never seen, rivers and lush green forests, people who smile, cities which are full of light and wisdom.

When you dream go to this mountain, and I will be there, right at the door of the golden palace and then we will go and visit these places of exultation and ecstasy.

Zum 31. August

Euch.

Wenn ich jemals hätte zurückkommen wollen, wäre ich für Euch zurückgekommen, geliebte Kinder, um bei Euch zu bleiben, bei Euch zu sein, Euch zu trösten und zu beschützen.

O allmächtiger Gott, erhöre meine Gebete! Ich bete für William, meinen Sohn, für William, den König, für die Unversehrtheit seines Herzens und die Sanftheit seiner Macht, die Wahrheit in seinen Händen ... so daß das Licht aus seinen Händen breche und das Gras grüner werde unter seinen Füßen. Dein Friede und Schutz sei mit ihm für immer.

In meinem himmlischen Streitwagen fliegen wir zusammen zu den dunkelsten Orten, um die Plätze der Trauer zu erhellen. Wir trösten die, die Leid tragen, wir befreien die, die eingekerkert sind in Ungerechtigkeit. Gott des Friedens, zeige uns den Weg. Laß uns teilhaben an deiner Ewigkeit, laß uns die Reiter auf den Pferden aus Licht sein, laß unsere Kraft niemals schwinden.

Da ist ein Berg - ein Berg so hoch, so weit, so voller Licht. Seine Abhänge sind bedeckt mit glitzerndem Schnee und Eis. Liebe und

Happy are you who are able to dream good dreams and bring them into the world.

Harry, my sweet heart, remember how much we laughed together, the fun - when we built those castles and the knights fell down, some could not run fast enough ... you are so strong - you and your brother hand in hand, remember how I sent you out hand in hand to play, feel your brother's hand in yours, show him your love, help him to trust himself. You are both so important for the children of the world - it is your joy to show them that there is a different world, a world of honesty, a world of goodness. This is what I have shown you in our best times, what I have read to you, Lancelot and Lord Byron, Momo and the Eternal Story, Merlin and the Magic Sword, Camelot and Sir Henry, Guinevere and Tristan, Avalon and the riders of light.

Wahrheit fließen hinab ins Tal. Dort steht ein Palast aus Kristall und goldenem Licht, dort ist eine Heimstatt für all die, die dürsten und hungern nach Gerechtigkeit und Wahrheit. Dort ist ein Tor zu Ländern, die ihr noch nie gesehen habt, Länder voller Flüsse und sattgrüner Wälder, bewohnt von lächelnden Menschen, von Städten, die erfüllt sind von Licht und Weisheit.

Wenn Ihr träumt, geht zu diesem Berg, und ich werde dort sein, direkt am Tor zum goldenen Palast, und dann gehen wir zu diesen Orten von Jubel und unaussprechlicher Freude.

Glücklich seid ihr, die ihr gute Träume träumt und sie in die Welt bringt.

Harry, mein Liebling, erinnere Dich, wie oft wir miteinander lachten, an den Spaß, den wir hatten, als wir diese Burgen bauten und die Ritter umfielen; manche konnten gar nicht schnell genug rennen ... Du bist stark - Du und Dein Bruder, Hand in Hand. Erinnere Dich, wie ich Euch Hand in Hand zum Spielen schickte. Fühle Deines Bruders Hand in Deiner Hand, zeige ihm Deine Liebe, hilf ihm, sich selbst zu vertrauen. Ihr beide seid so wichtig für die

Kinder der Welt - es ist Deine Freude, ihnen zu zeigen, daß es noch eine andere Welt gibt, eine Welt der Ehrlichkeit, eine Welt des Guten. Das ist es, was ich Euch gezeigt habe in unseren besten Zeiten, was ich Euch vorgelesen habe: Lanzelot und Lord Byron, Momo und die ewige Geschichte, Merlin und das Magische Schwert, Camelot und Sir Henry, Genoveva und Tristan, Avalon und die Ritter des Lichts.

In the Name of Love - to be One with God
November 25th '99

So much is said about love, love as a stream of beauty, love as a stream of depth. Love which fills your soul, love which fills your mind, changes your mind. Changes your mind to focus to all that is good and true.

Now, many people know about love, but how to do love? HOW IS LOVE DONE IN THIS WORLD? Now, first it is so that the deepest love you can have, is the love for the universe, for creation. This love is natural, is not something specific, is not something you would need to work for. It is a basic love, it is in all your genes, it is in all your DNA, it is in all your cells and molecules, because all of you is made in and from that love.
So basically you are always home and your home is within you. You are a door of creation, you are your own path in many ways. You are coming home through and in yourself. You are so much God, you are so much filled with God because every molecule, every cell in you is filled with God.
Now, the only problem most people have is

Im Namen der Liebe - Einssein mit Gott
25. November 1999

So viel ist schon über die Liebe gesagt worden, die Liebe als ein Strom der Schönheit, als ein Strom aus der Tiefe. Liebe, die deine Seele erfüllt, Liebe, die dein Denken erfüllt und es ändert, damit es sich auf all das ausrichtet, was gut und wahr ist.

Nun, viele Menschen wissen um die Liebe, aber wie handelt man aus Liebe? WIE HANDELT MAN MIT LIEBE IN DIESER WELT? Nun, zuerst einmal gilt, daß die tiefste Liebe, die du empfinden kannst, die universale Liebe ist, die Liebe der Schöpfung. Diese Liebe ist natürlich, sie ist nicht spezifisch, für sie braucht man nichts zu tun. Es ist eine grundsätzliche Liebe, sie ist in all deinen Genen, in deiner DNS, sie ist in deinen Zellen und Molekülen, weil alles an dir aus dieser Liebe gemacht ist. Im Grunde bist du also immer zu Hause und deine Heimat ist in dir.
Du bist das Tor zur Schöpfung, du bist in vielerlei Hinsicht dein eigener Weg. Du kommst nach Hause durch dich und in dir. Du bist so sehr Gott, du bist so sehr von Gott erfüllt, weil jedes deiner Moleküle,

that they don't know it. They think they have to come to God, they think they have to come through long tunnels, so to speak, and then there is God. They don't know that God is around them, that God is in them, that God touches them from the inside, if they only want to be touched.

Are you willing to be touched? Now, to be touched means: as you have nerves inside, you have sensitive parts and that is really true. You have parts in yourself, you have areas which are very, very sensitive, areas which you do not want to be touched and where you do not want even God to touch you. Can you imagine? And these are the areas where you believe that you have fallen from God, that you have separated from God at one point in your life or lifetimes. Now this is important to be healed, because God has no interest to keep you there. God has no interest to keep you in your own prison. He wants to touch you at every area in your life, inside and outside. He wants to be with you with His/Her beautiful hands, wants to embrace you, wants to surround you with beautiful golden light, always. Always bringing you home, always having you home, because you are home, if you want to be home.

Now, I didn't know that when I was alive.

jede Zelle in dir von Gott erfüllt ist.

Doch die meisten Menschen haben das Problem, daß sie das nicht wissen. Sie denken, sie müssen erst noch zu Gott kommen, sie denken, sie müssen sozusagen durch lange Tunnel hindurch, und dann ist Gott da. Sie wissen nicht, daß Gott immer um sie herum ist, daß Gott in ihnen ist, daß Gott sie von innen her berührt, wann immer sie berührt werden wollen.

Bist du bereit, berührt zu werden? Berührt zu werden, heißt: So wie du Nerven im Körper hast, so hast du auch sehr empfindliche innere Bereiche. Ja, wirklich, du hast Teile und Bereiche in dir, die sehr, sehr empfindlich sind. Es sind Bereiche, in denen du nicht berührt werden willst und wo du nicht einmal möchtest, daß Gott sie berührt. Kannst du dir das vorstellen? Und das sind die Bereiche, wo du glaubst, daß du von Gott abgefallen bist, daß du dich in einem Abschnitt deines Lebens oder in bestimmten Lebzeiten von Gott getrennt hast Nun, es ist sehr wichtig, daß das geheilt wird, weil Gott kein Interesse daran hat, daß du in dieser Lage bleibst. Gott ist nicht interessiert daran, daß du in deinem eigenen Gefängnis bleibst. Er möchte dich in jedem Bereich deines Lebens berühren, innen wie außen. Er möchte mit seinen wun-

I was seeking God in nature, that's true. I was seeking and I saw God in animals, in my relationship to our horses and to puppies and to geese and to cats, in all the different wonderful animals I knew. I saw God in them. I did not know that. But when I hugged them, when I loved them, I felt this warmth deep down in my heart and I shared the warmth, I shared the love of creation with these animals and that was very beautiful. And it kept me alive, gave me comfort and it filled me with joy when I was a child.

Even though things happened which were not so good, I had basically a happy childhood. Not because of my family, not because of the things which happened there, but because of my deep love I have found everywhere in the garden, in the parks, at the riverbanks, at the lake and I had this beautiful childhood, where I really could run out into nature and hide behind bushes, stones and trees and be who I am and who I was.

And this I had many lifetimes. I prepared myself for becoming a human being who is one with God/Goddess. I wanted to experience the deepest possible love.

So let God touch you from the inside. Let

derbaren Händen bei dir sein, mit Seinen/Ihren wundervollen Händen, möchte dich umarmen, möchte dich mit goldenem, wunderbaren Licht umgeben, immer.

Er will dich immer nach Hause bringen, immer dich bei sich zu Hause haben, weil du eigentlich zu Hause bist, wenn du zu Hause sein willst.

Das wußte ich nicht zu meinen Lebzeiten. Ich suchte Gott in der Natur, das ist wahr. Ich suchte und sah Gott in Tieren, in meiner Beziehung zu unseren Pferden, zu Hundebabies, zu Gänsen und Katzen, in all diesen wundervollen Geschöpfen, mit denen mich eine tiefe Liebe verband. Ich spürte Gott in ihnen. Ich war mir dessen jedoch nicht bewußt. Aber wenn ich sie umarmte, wenn ich sie liebte, fühlte ich diese Wärme tief in meinem Herzen, und ich teilte diese Wärme, ich teilte die Liebe zur Schöpfung mit diesen Tieren, und das war sehr schön. Es hielt mich am Leben, es gab mir Trost. Es hat mich als Kind mit so viel Freude erfüllt.

Auch wenn Dinge geschahen, die nicht so gut waren. Ich hatte dennoch eine glückliche Kindheit. Nicht wegen meiner Familie, nicht wegen der Dinge, die in ihr geschahen, sondern wegen der tiefen Liebe, die ich überall fand, im Garten, in den Parks, an

go of your feelings and your guilt feelings about you having messed it up with God. This is not true. God knows you, God knows every, every bit of your heart and knows every angle, every corner, every hidden area of your heart and your mind. So if God knows everything about you, why don`t you trust Him/Her?

Walk on the path of your life and trust. Go out into the world and smile. Let the light shine from your heart. Let the love flow from your hands. See in everybody the one who seeks, who seeks the highest truth, who seeks the deepest relationship to everything.

Look, when you started to be conscious, when you started to become a human being, you were full of hope. You were thinking, how much can I experience of the beauty, how much can I experience of the wonders of creation, how much can I exult and jubilate, how much can I praise creation and how much can I praise God for everything?

Do you know that singing to God, singing to creation, singing in the name of love is the most beautiful you can ever do? Sing your songs, dear, sing your songs.

You know there are so many things to do every day, that is true. But see, it was never

den Flußufern, am See.

Ich hatte diese wunderbare Kindheit, wo ich wirklich in die Natur hinausrennen, mich hinter Büschen, Steinen oder Bäumen verstecken und ich selbst sein konnte. Das war so für mich in vielen Lebzeiten, denn ich bereitete mich auf das Menschenwesen vor, das eins mit Gott/Göttin ist, und ich wollte die tiefste Liebe erfahren, die nur zu erfahren möglich ist.

Also lasse Gott dich von innen her berühren. Laß deine Gefühle und Schuldgefühle gehen, daß du es mit ihm verdorben hättest. Das ist nicht wahr. Gott kennt dich, Gott kennt jede Feinheit, jeden Winkel, jede Ecke, jeden versteckten Platz in deinem Herzen und in deinem Geist. Wenn Gott also alles über dich weiß, warum vertraust du ihm/ihr dann nicht?

Gehe deinen Lebensweg und vertraue. Gehe hinaus in die Welt und lächle. Laß das Licht aus deinem Herzen hervorbrechen. Laß die Liebe von deinen Händen strömen. Sieh in jedem Menschen einen Suchenden, einen, der die höchste Wahrheit und die tiefste Beziehung zu allem sucht.

Schau, als du begannst, bewußt zu werden, als du begannst, ein menschliches Wesen zu werden, warst du voll Hoffnung. Du dach-

meant, that this should eat you up. It was never meant to take away from you the time to experience the enormous beauty in life, the enormous beauty of this Earth.

You know, every leaf, every tree, every stone is made with so much love throughout the ages, throughout centuries. In millions of years and in a second it was all created out of a long preparation of a deep desire, of a deep passion.

Revive the passion, the passion of life. This will heal you! And stop thinking that God doesn't want you. God desires so much together with you. He/She desire so much for you to come and say: here I put before you my heart, my mind, my soul and I want to share with you the beauty of creation. This is healing. This is living. This is life.

test: „Wieviel von der Schönheit, wie viele Wunder der Schöpfung kann ich erleben, wieviel kann ich über alles jubeln, wie sehr kann ich die Schöpfung preisen, wie sehr kann ich Gott für alles loben?"

Weißt du, daß zu Gott zu singen, die Schöpfung zu besingen, im Namen der Liebe zu singen, das Schönste ist, was du tun kannst? Singe deine Lieder, geliebtes Wesen, singe deine Lieder!

Ja, da sind jeden Tag so viele Dinge zu erledigen, das ist wahr. Aber das sollte dich nicht so völlig in Beschlag nehmen. Es war nie so gemeint, daß es dir die Zeit dafür stehlen sollte, die großartige Schönheit des Lebens zu erfahren, die so große Schönheit der Erde! Weißt du, jedes Blatt, jeder Baum, jeder Stein ist durch die Zeiten hindurch mit so viel Liebe gemacht worden in Millionen von Jahren - und in einer Sekunde war alles erschaffen nach einer langen Vorbereitung und aus einem tiefen Verlangen, einer tiefen Leidenschaft heraus.

Laß die Leidenschaft wieder aufleben, die Leidenschaft des Lebens! Sie wird dich heilen, und du wirst aufhören zu denken, daß Gott dich nicht will. Gott möchte so viel

für dich, möchte so sehr, daß du kommst und sagst: "Hier breite ich mein Herz, meinen Geist, meine Seele vor dir aus. Laß mich mit dir die Schönheit der Schöpfung teilen." Das ist Heilung. Das heißt leben. Das ist Leben.

Conclusion
January 28th 2000

Remember: Life is a song, life is a dance, life is a smile.

Do not take All too serious. Creation was meant to be a play not a tragedy. It was meant to be a dream, of learning to have fun, to be loved and to love. This is the only thing which does not change ... this is your assurance.

Life is breathing, life is surprising, life is flowing and expanding, this is its nature, it always will ...

Life is on both sides, the physical and the metaphysical. And you will learn to embrace both.

Life is like a musical instrument, only when you play it, it sounds, it creates music. You need to play, you need to go out and PLAY!

When you play the piano you might miss a key from time to time, the whole thing might even go completely out of tune and needs then to be tuned again - but in any case, when you want to become an expert

Schluß
28. Januar 2000

Denkt daran: Das Leben ist ein Lied, das Leben ist ein Tanz, das Leben ist ein Lächeln.
Nehmt alles nicht zu ernst. Die Schöpfung sollte ein Spiel sein, keine Tragödie. Sie sollte eine Traum sein, in dem man lernt, Spaß zu haben, geliebt zu werden und zu lieben. Das ist das Einzige, was sich nicht ändert ... das ist deine Gewißheit.

Das Leben atmet, das Leben überrascht, das Leben fließt und weitet sich aus, das ist seine Natur, so wird es immer sein ... Leben ist auf beiden Seiten, auf der physischen und der metaphysischen. Und du wirst lernen, beides zu umarmen.

Das Leben ist wie ein Musikinstrument, nur wenn du es spielst, erzeugt es einen Klang, erschafft es Musik. Du mußt spielen! Du mußt hinausgehen und SPIELEN!

Wenn du Klavier spielst, greifst du dann und wann daneben, das Instrument verliert sogar vielleicht die Stimmung und muß wieder neu gestimmt werden. Dennoch gilt, wenn du ein Könner auf dem Klavier wer-

player, you need to play, you need to practise. And when practise is over you play your melodies of life and in the same time you dance to them.

Even when you are an expert pianist you will still make mistakes, still practise new pieces, you never will be „perfect" (this is boring, remember the electrical piano, which cannot make mistakes.

Think of the mechanical nightingale, which could not heal) .

But the expert pianist will BECOME more and more the music he plays. He will become the dance. He becomes the Piano. He IS creation, he does not perform any longer.

He does not feel the keys under his fingers, he is one with the piano, one with the music and dance, one with creation of ALL music, one with God/Goddess.

If you want to be one with creation, you need to play your music of your life, YOUR music, not the music of somebody else - you need to find ways to express yourself ... in big things, in small things, in your profession, in your mission, in your leisure

den willst, mußt du spielen, mußt du üben. Wenn dann das Üben vorbei ist, dann spielst du deine Melodien des Lebens und tanzt zugleich du zu ihnen.

Sogar wenn du ein großer Pianist geworden bist, wirst du noch Fehler machen, wirst immer wieder neue Stücke einüben und niemals „perfekt" sein (das ist langweilig, denk an das elektrische Klavier, das keine Fehler machen kann. Denk an die mechanische Nachtigall, die nicht heilen konnte). Aber der Virtuose auf dem Piano WIRD mehr und mehr zu der Musik, die er spielt. Er wird der Tanz. Er wird zum Piano. Er IST Schöpfung, er stellt sie nicht mehr nur dar. Er fühlt nicht die Tasten unter seinen Fingern, er ist eins mit dem Instrument, eins mit der Musik und dem Tanz, eins mit der Schöpfung ALLER Musik, eins mit Gott und Göttin.

Wenn ihr eins mit der Schöpfung sein wollt, dann müßt ihr die Musik eures Lebens spielen, EURE Musik, nicht die Musik von anderen. Ihr müßt einen Weg finden, euch selbst auszudrücken ... im Großen wie im Kleinen, in eurem Beruf, in eurer Lebensmission, in eurer Freizeit und bei eurer Arbeit. Ihr müßt inspirieren ... Freunde

Conclusion

time and in your work.

You need to inspire ... inspire friends, inspire yourself. When you inspire somebody you inspire yourself. If you are down or depressed, inspire somebody... and you cannot stay there.

Play and dance! This is life, this keeps you healthy and one with creation. This is especially true for the beginning years of the new Millennium.

The old ways, the old beliefs, the old perfection are getting cracks, and the light shows through. The butterfly wants to be born.

When a butterfly breaks through the walls of the cocoon, it first slowly moves, the wind dries its wings, it breathes and pumps, it practises. Then it opens the wings to the sun, and then it flies.

This is life, this keeps you healthy and one with creation. There we meet, where we communicate ... in the dance of life .... you and I ... where love and beauty is ... the fragrance of the Green Hills and the land beyond - the land where you are home.

Schluß

inspirieren, euch selbst inspirieren. Wenn du jemanden inspirierst, dann inspirierst du dich selbst. Wenn du niedergeschlagen oder deprimiert bist, inspiriere jemanden ... und du kannst nicht mehr länger niedergeschlagen sein.

Spiele und tanze! Das ist Leben, das hält dich gesund und eins mit der Schöpfung. Das ist besonders wahr für die ersten Jahre des neuen Millenniums. Die alten Wege, die alten Grundsätze, die alte Perfektion bekommt Risse, und das Licht scheint hindurch. Der Schmetterling möchte geboren werden.

Wenn ein Schmetterling durch die Wände seines Kokons geschlüpft ist, bewegt er sich zuerst langsam, der Wind trocknet seine Flügel, er atmet und pumpt, er übt. Dann öffnet er die Flügel der Sonne entgegen und fliegt.

Das ist Leben, das hält dich gesund und eins mit der Schöpfung.
Wir begegnen uns dort, wo wir uns verbinden .... im Tanz des Lebens ... du und ich ... wo Liebe und Schönheit ist ... der Duft der Grünen Hügel und das Land dahinter - das Land, wo du zu Hause bist.

Conclusion	Schluß
Come Home, beloved!	Komm nach Hause, geliebtes Wesen!
We love you! I love you! With all my love, with all my heart, I embrace you!	Wir lieben dich! Ich liebe dich! Mit all meiner Liebe, aus meinem ganzen Herzen umarme ich dich!
Forever yours …	Für immer die deine…
Diana	Diana